HSK 速成强化教程

口试

（高级）

金舒年　编著

北京语言大学出版社
BEIJING LANGUAGE AND CULTURE UNIVERSITY PRESS

图书在版编目(CIP)数据

HSK速成强化教程　口试（高级）/ 金舒年编著.
—北京：北京语言大学出版社，2013.12（2025.1重印）
ISBN 978-7-5619-3695-5

Ⅰ.①H…　Ⅱ.①金…　Ⅲ.①汉语—对外汉语教学—水平考试—自学参考资料　Ⅳ.①H195

中国版本图书馆CIP数据核字（2013）第288897号

书　　名：HSK 速成强化教程　口试（高级）
　　　　　HSK SUCHENG QIANGHUA JIAOCHENG　KOUSHI（GAOJI）
责任印制：邝　天

出版发行：北京语言大学出版社
社　　址：北京市海淀区学院路 15 号　　邮政编码：100083
网　　址：www.blcup.com
电　　话：发行部　010-82303650 / 3591 / 3648
　　　　　编辑部　010-82303647 / 3592 / 3724
　　　　　读者服务部　010-82303653 / 3908
　　　　　网上订购电话　010-82303668
　　　　　客户服务信箱　service@blcup.com
印　　刷：北京鑫丰华彩印有限公司
经　　销：全国新华书店

版　　次：2013 年 12 月第 1 版　　2025 年 1 月第 9 次印刷
开　　本：787 毫米 × 1092 毫米　1/16　印张：8.75
字　　数：168 千字
书　　号：ISBN 978-7-5619-3695-5 / H · 13284
定　　价：39.00 元

编者的话

自2009年11月国家汉办推出新的汉语水平考试（HSK）以来，新HSK在海内外受到了广泛的欢迎。

如何在考试之前的有限时间内，经过强化训练，提高自己的考试能力，使得自己现有的汉语水平能充分发挥出来，取得理想的考试成绩，这是许多考生所面临的问题。

目前，HSK真题集以及各种HSK模拟试题集已陆续上市，给考生们提供了丰富的学习资料。然而，对于自学者来说，光做习题似乎仍会感到不够。对多项选择题，做对了是不是真懂了，做错了为什么错，光靠做题是得不到解答的。对书写、口试等需要考生自己提供答案的考试，考生更会感到难以把握。考生迫切需要有针对性的指导。

同时，不少教学机构纷纷开设HSK课程，各类考前辅导班也应运而生，这给了考生们很多直接的帮助。然而现有的HSK学习材料多数是试题集，比较系统的教材不多，需要教师花费大量的时间去备课、找材料，对于一些对HSK研究还不太多的教师来讲，难以很快抓住重点，在一定的程度上也影响教学效果。拿来就可以在教学中使用的教材将会给教师带来相当的便利。

为了满足广大考生和教师的需要，我们编写了这套系列《HSK速成强化教程》。为便于考生和教师使用，这套教程分册发行，每册对应一个级别的考试。目前推出的系列教程包括：

《HSK速成强化教程　三级》

《HSK速成强化教程　四级》

《HSK速成强化教程　五级》

《HSK速成强化教程　六级》

《HSK速成强化教程　口试（中级）》

《HSK速成强化教程　口试（高级）》

本书是为准备参加汉语水平口语考试HSKK（高级）的考生和指导考试的教师编写的。本书的指导思想是针对考生的问题，以考点和难点为纲，讲练结合，同步练习，巩固进步，及时总结，使得考生稳步前进，有成就感。为便于教学和自学，本书的朗读练习题都配朗读录音，回答问题的练习题给出参考答案并配有录音；本书还提供了一些经过转写的典型的考生答案，进行实例分析，以期给考生提供借鉴。

本教材的编写者金舒年是北京大学对外汉语教育学院教师，曾担任过多年辅导新、老 HSK 的教学工作，有丰富的教学经验。2002 年参与编写了《HSK 速成强化教程（高等）》，负责其中的写作和口试部分。该书出版后受到广泛欢迎。新的 HSK 考试推出后，又及时编写了本教材，在教学中试用，并根据教学中的反馈做了相应的修正。模拟试题也进行过试用，其难度与 HSK 正式考试的难度相当。

本教程的录音资源，可通过扫描书后的二维码获取。

模拟考试前的中国民乐由“女子十二乐坊”演奏，在此深表谢意。

本书的部分试题素材取自于期刊及网络上的文章等，根据考试的需要，我们对其内容进行了必要的改写。在此谨向所有相关的文章作者表示由衷的谢意，并恳请这些作者对于我们所做的改写予以谅解。

在本书的编写过程中，北京大学对外汉语教育学院的研究生白雪、魏伟参与了部分练习的出题工作，在此表示感谢。

尽管我们努力使本教材解释准确、试题严密、语言通俗、使用方便，但一定仍有一些不足之处，恳请本教材的使用者批评、指正。

编者

2013 年 10 月

目录 Contents

HSK

第一单元 01

考试须知·结构导读·使用建议

一、什么是新 HSK 和 HSKK？

根据国家汉办/孔子学院总部编制的《新汉语水平考试大纲 HSK口试》的说明，新的 HSK 是一项国际汉语能力标准化考试，重点考查汉语非第一语言的考生在生活、学习和工作中运用汉语进行交际的能力。新的 HSK 分笔试和口试两部分，笔试和口试是相互独立的。笔试包括 HSK（一级）、HSK（二级）、HSK（三级）、HSK（四级）、HSK（五级）和 HSK（六级）；口试即汉语水平口语考试，简称 HSKK，包括 HSKK（初级）、HSKK（中级）和 HSKK（高级），口试采用录音的形式。

笔试
HSK（六级）
HSK（五级）
HSK（四级）
HSK（三级）
HSK（二级）
HSK（一级）

口试
HSKK（高级）
HSKK（中级）
HSKK（初级）

二、你适合参加哪个等级的口语考试？

在你准备参加 HSK 口语考试之前，先要根据自己的汉语口语水平选择参加哪一个等级的考试。你可以参考以下三个标准：

第一，根据《新汉语水平考试大纲 HSK 口试》中对 HSKK 等级的描述来分析自己的情况。文中对初、中、高三个级别的口语考试是这样描述的：

通过 HSKK（初级）的考生可以听懂并用汉语口头表达较为熟悉的日常话题，满足基本交际的需求。

通过 HSKK（中级）的考生可以听懂并用汉语较为流利地与汉语为母语者进行口头交流。

通过 HSKK（高级）的考生可以听懂并用汉语流利地口头表达自己的见解。

考生可以参考上述对 HSKK 三个级别的描述，根据自己的实际情况来选择参加的级别。

第二，考生可以估计一下自己的汉语词汇量。HSKK 三个等级的考试是按照各个等级的词汇表来命题的[①]。三个等级的词汇量要求如下：

新 HSK 口试级别	词汇量
HSKK（高级）	约 3000 词
HSKK（中级）	约 900 词
HSKK（初级）	约 200 词

考生可以根据自己学习汉语的情况大致估计一下自己的词汇量有多少，据此判断自己掌握的词汇大约相当于哪一个等级。

第三，可以参考一下自己学习汉语的时间。根据《汉语水平考试考生手册》的说明，HSKK（初级）主要面向按每周 2–3 课时进度学习汉语一到两个学期，掌握 200 个左右最常用词语的考生；HSKK（中级）主要面向按每周 2–3 课时进度学习汉语一到两个学年，掌握 900 个常用词语的考生；HSKK（高级）主要面向按每周 2–3 课时进度学习汉语两学年以上，掌握 3000 个左右常用词语的考生。

请注意，以上所说的每周 2–3 课时，主要参考的是目前海外大部分汉语学习者的学习时间；如果考生是来华学习汉语，或在海外每周课时较多的机构学习汉语，那么每级所需要的学习时间就会相应地缩短。因此，学习时间只是一个参考。

第四，还可以根据考生自己参加考试的目的来选择。如果考生参加考试的目的是检验自己学习汉语的情况和自己的汉语水平，那么只需要参考以上三个标准来选择考哪个级别就可以了；但如果希望进入中国的高等院校进行专业学习，就必须参加 HSKK（高级）的考试。

本书是为参加 HSKK（高级）的考生编写的。

三、HSKK（高级）的考试内容有哪些？

根据《新汉语水平考试大纲　HSK 口试》，HSKK（高级）共 6 题，分听后复述、朗读、回答问题三个部分。如下表：

考试内容		试题数量（个）	考试时间（分钟）
第一部分	听后复述	3	8
第二部分	朗读	1	2
第三部分	回答问题	2	5
共计		6	15

① 2013 年开始新HSK词汇大纲中个别词语等级做了调整。本书依据修订后的HSK（六级）词汇大纲编写。

全部考试约 25 分钟，含准备时间 10 分钟。

第一部分“听后复述”，共 3 题，每题播放一段话，要求考生听后复述。

第二部分“朗读”，共 1 题，试卷上提供一段文字，要求考生朗读。

第三部分“回答问题”，共 2 题，试卷上提供两个问题，要求考生读后回答问题。

四、HSKK（高级）的考试过程是什么样的？

HSKK（高级）采用录音的形式，采取“听说结合”“读说结合”的模式来考查考生的汉语口头表达能力。具体的考试过程是这样的：

- 考生按照规定的时间凭准考证进入考场。
- 考试开始时，主考会提醒大家关闭手机等注意事项。然后考生要按照主考的要求填写信息卡（见下表）。填写时，要参考准考证，用铅笔填写答题卡上的姓名、国籍、序号、报考等级等信息。

汉语水平口语考试　HSKK·信息卡		
姓名 ________		
国籍 ________		
序号 ________		
初级 □	中级 □	高级□

- 填写完信息卡之后，主考请监考发试卷。试卷是密封的，考生拿到试卷后不能马上打开。
- 试卷发完后，主考会向大家解释试卷封面上的注意内容，考生可以一边听一边看。解释完之后，主考宣布：现在开始考试。并提醒考生先要回答三个问题，在准备 4 到 6 题的 10 分钟时间里，可以在试卷上写提纲。
- 主考播放录音，考试就正式开始了。录音（也就是考试）结束时，主考会提醒考生检查声音是否录下来了。
- 之后，主考请监考收回考试材料。主考清点完考试材料后宣布考试结束。

五、HSKK（高级）有什么用途？

根据《新汉语水平考试大纲 HSK 口试》的说明，HSK（口试）面向成人，主要用途有：

1. 为院校招生、分班授课、课程免修、学分授予提供参考依据。
2. 为用人机构录用、培训、晋升工作人员提供参考依据。
3. 为汉语学习者了解、提高自己的汉语应用能力提供参考依据。
4. 为相关汉语教学单位、培训机构评价教学或培训成效提供参考依据。

六、HSKK（高级）的成绩报告是什么样的？

考试结束后 1–2 个月，考生可以收到 HSK 口试（高级）的成绩报告。

HSKK（高级）满分为 100 分，60 分为合格。成绩报告会显示出考生的口试总分是多少。

例如，某位考生的成绩报告如下：

满分	合格分	你的分数
100	60	75

这个考生的总分过了 60 分的合格标准，所以其HSKK（高级）考试合格。

根据《新汉语水平考试大纲 HSK 口试》的规定，HSK 口试成绩长期有效。但如作为外国留学生进入中国院校学习的汉语能力的证明，HSKK（高级）成绩有效期为两年（从考试当日算起）。

七、考生应注意些什么？

（1）考前准备。

考试前，建议考生仔细看一下《新汉语水平考试大纲 HSK 口试》及考生手册，通过看大纲中的“HSKK（高级）介绍”部分，了解考试的形式、试题数量、考试时间等；通过看大纲中“HSKK（高级）考试要求及过程”部分，了解这两个方面的情况，并通过看、做大纲中的样卷熟悉答题方式。

由于考试大纲只是讲一些原则，只有一套样题，作为复习的准备还不够，所以考生还应该找一些辅导教程或模拟试题集深入学习，有条件的也可参加考前辅导班，进行强化训练。

（2）有关考务问题。

HSK 口试的考务由汉考国际教育科技（北京）有限公司（简称“汉考国际”，英文缩写为 CTI）负责，有关考试的日期、考点、考试费用、报名等问题，请向汉考国际咨询。具体联系方法如下：

汉考国际教育科技（北京）有限公司

网址：http://www.chinesetest.cn

报名咨询：86-10-59307689/59307685

成绩咨询：86-10-59307691/59307690

传真：86-10-59307680

电子信箱：kaoshi@chinesetesting.cn

（3）考试前和考试中要注意的问题。

• 必须携带的东西

准考证和身份证件。考生报名成功并收到报名确认信息以后，可以登录到“汉语考试服务网”（www.chinesetest.cn）上选择自行打印准考证，或者到报名的考点领取准考证。去考试时一定要带准考证。另外，还要带身份证件，如护照、身份证、居留证等。如果没有带这两样东西，考生不能进入考场。

笔。在准备第 4 到 6 题时，考生可以在试卷上写提纲，这时候需要用笔，但对口试用笔的要求不像纸笔考试那样严格，什么笔都可以，但要检查后确认是可用的笔，以免考场上措手不及。

手表。考试时需要自己控制时间，有的考生忘了戴手表，影响到对时间的控制。有的考生平常习惯用手机看时间，但考试时不能看手机，所以最好准备好手表。

• 一定不能携带的东西

根据相关规定，参加 HSK 考试时，一定不能携带以下的物品：

录音机、照相机、词典、MP3、移动电话机、传呼机、便携式电脑、笔记本、教科书及其他与考试无关的物品。

如果携带了这些禁止物品，到考场后，考生要把这些物品放在书包里，并把书包放在主考、监考人员指定的地方。

• 绝对不能迟到！

按照规定，考生要在考试开始前半小时到达指定考场。参加口试时，在录音开始前，迟到的考生可进入考场参加考试，所误时间不补；录音开始后，迟到的考生不得进入考场参加考试。所以，千万不要迟到！

- 考试结束时确认声音是否录下。

考生回答的所有的口试题目都需要用录音的形式进行保存。在录音结束时，主考会提醒考生检查声音是否录下。这时考生不要因为怕麻烦而不做检查。

- 录音时说话声音要大一些。

HSKK（高级）用考生口语作答、现场录音的方式进行。考生在考场内按照监考人员的安排，使用各自独立的录音设备同时进行考试。考生作答时的声音不宜过小，以正常说话的音量或稍大些为宜。

考场内其他考生的作答声不会影响对考生口语水平的判定，但多多少少会造成一些干扰。所以考生录音时一定要集中精神，专注于自己所说的内容，不要受环境的影响，控制自己不要去听其他考生的说话声音。

- 考试中途不能离开考场。

据考生手册规定，在口语考试的过程中，考生不能离开考场。如果必须离开，就只能退出考试。

- 克服考试紧张征。

有的考生平时汉语口语的基础不错，说话也挺流利的，但一到考试时就紧张，尤其是口试，结结巴巴地说不流利，结果没有把自己的水平充分发挥出来。这就是所谓的“考试紧张征”。具体来说，“考试紧张征”有这样几种情况：

① 心理负担太重，把考试当做检验自己汉语水平的“法官”，生怕考不好就证明自己汉语水平差，影响自己的自信心，或感觉丢面子。其实这是完全没必要的。考试就是考试，有一定的偶然性，不能完全把它和实际的语言水平画等号。比如，从理论上讲，凡是受过中等以上教育的说汉语的本族人考 HSK 都应该得满分，但其实不然，本族人也经常会听错或读错、说错。HSK 的考试成绩都是装在信封里给考生本人的，不经过你的允许别人不能知道你的成绩，不会让你丢面子。而且，HSK 的考试机会要比学校里的课程考试多，一次考不好还可以考两次、三次，直到考好为止。

② 把考题想得太难，过于紧张而没有听清或记住需要复述的内容，或读得、说得结结巴巴。其实 HSKK（高级）的复述、朗读、回答问题都是针

对这一级考生的水平和所要求的词汇量来命题的，水平相当的考生基本都能够顺利应对。所以考生要相信自己。

③ 没有控制好时间，前面的题说得比较慢，到了规定的时间还没有说完，下面的题就开始了。这样一来，考生的情绪就会越来越紧张，越说越乱，出现很多不应该有的失误。针对这种情况，考生在考前准备时，要多做实战练习，让自己学会把控时间，掌握一种合适的做题节奏，不要太慢。当然，太快也没有必要，而且太快了也容易出错。考试时可以自己用手表掌握一下时间。

（4）考试分数的秘密。

HSKK 考试卷面上的得分是卷面分，或原始分。为了使分数能更准确地反映考生的水平，最后给考生的不是卷面分，而是经过处理的转换分。处理的方法比较复杂，比如有等值处理等。我们简单谈一下等值处理。

HSKK 是一个标准化的考试，所以从理论上讲，同样水平的人，不管参加哪一次考试，得到的分数都应该是一样的。但实际上，要求每一次考试试题的难度完全一样是很难的，所以要对考生的原始分数做等值处理，如果这次考试比较难，大家的分数可能都会提高一点，如果比较容易，大家的分数可能都会减低一点。用这个办法来尽量做到，不管考生参加哪一次考试，同样的水平能得到同样的分数。

因此，有的考生考试时发现这一次的试题比较难，就着急了，或怪自己运气不好，或抱怨出题的人故意为难自己。其实，如果试题偏难的话对大家来说都是一样的，大家都会觉得难，最后可能会调整，所以不必着急，只要尽你最大的努力去做就行了。

有的考生刚考完感觉不太好，但成绩出来后发现还不错，可能就是这个道理。

八、本书结构导读

本书最大的特点就是不仅给考生提供了大量的、循序渐进的练习题，而且还详细地告诉考生 HSKK（高级）考试的特点和难点，以及怎样提高自己的答题水平，如何更好地回答好试卷的问题等。下面对如何使用本书提出一些建议。

首先要看懂结构和图标。

本书一共分四个单元，见目录。

第一单元“考试须知”主要是对 HSKK（高级）有关问题的总的介绍说明。

第二和第四单元是两套 HSKK（高级）的模拟试题和录音材料、参考回答。

第三单元是对 HSKK（高级）的三个题型说明和相关知识讲解。每个题型分两课，共 6 课。每一课包括以下几个部分：

☆题型与特点
- 题型
- 特点

☆考点与难点
- 说明
- 常见错误
- 应试策略与技巧
- 练习

☆本课小结

☆课后练习

☆练习答案、题解

其中，“题型与特点”又分两个小点：

1.“题型”，是举例说明某一个部分的试题的样子。

2.“特点”，是分析某一种题型的特点。如果某一课不讲新的题型，这一部分就省略。

“考点与难点”是分析某一部分的试题主要的考试目的是什么，什么地方比较难。这是每一课的主要部分。根据内容，每课会讲几个“考点与难点”，如第 1 课“听后复述”有两个“考点与难点”：

考点与难点（一） 什么是复述

考点与难点（二） 抓住信息点，完整、准确地再现原材料的内容

在每一个“考点与难点”下面又分几个小点：

1.“说明”，是对某一个考点和相关的知识做概括的说明，或举例分析难点。

2.“考生常见错误”，分析考生在做某一类试题时常犯的错误，包括考试策略上的错误和语言知识、语言技能上的不足。

3.“应试策略与技巧”，针对考生在某一类考点上的问题提出一些应试策略，碰到某类题应该怎么考虑，也提供一些应试技巧，可以用一些什么方法来做这类题。有时，根据内容，也可能在几个“考点与难点”之后有一个总的“应试技巧”。

4.“练习”，是针对某一个“考点与难点”进行同步练习，通过练习掌握刚刚学的内容。根据课文内容的不同，有时也可能在某个“考点和难点”之后不安排“练习”，只在一课的最后安排“课后练习”。

5.“本课小结”，是对一课主要内容做一个概括，便于考生记住要点。如第1课：

本课小结

● 主要考点难点：

1. 什么是复述？
2. 抓住信息点，完整、准确地再现原材料的内容。

● 考生常见错误：

1. 不太理解复述的概念、特点和具体要求。
2. 在“听”和“记”的输入过程中，不知道哪些是重点。
3. 复述的内容零碎，不符合复述的“完整、准确”的基本要求。
4. 考试一开始，注意力集中得不够快，错过很多信息，直接影响后面的复述。
5. 只记核心词语，不记信息点。导致复述时说话结结巴巴，不能连贯地表述原文的内容；甚至出现信息量小，所复述内容与原文内容不符合等情况。
6. 考生的注意力集中在记忆前面的内容上，耽误了听后面的内容。
7. 心情过于紧张，反而影响记忆。

● 主要应试策略：

1. 考生要清楚地了解复述的概念、特点和具体要求，并在平时打好基础。
2. 考试开始后，要迅速、高度地集中注意力。
3. 在听的阶段，考生要尽可能多地记信息点，而不要只是单纯地记一些词语。
4. 平时多多练习，提高记忆的速度和准确性。
5. 记忆时不要一味地追求把句子和内容记全，不要为了记前面的内容而影响听后面的。
6. 用深呼吸的方法缓解紧张情绪。

6.“课后练习”，是针对某一课所学的内容安排的综合练习。

九、自学者怎么使用本书？

1 自学者使用本书备考时，可以先把第一单元“考试须知”浏览一下，如果对其中的一些内容不太明白，可以先放过去，等学完全书之后再回来看一遍，这样就比较容易懂了。

2 建议在学第三单元的单项训练之前，先把第二单元“模拟考试（一）”做一遍，这样做的好处是：首先，对考试的内容和过程可以有一个完整的印象。其次，可以知道自己的薄弱环节在哪里，学习时可以有目的地抓重点。应该注意的是，做模拟考试最好自己按照规定的时间一次做完，因为考试时各部分有时间限制。

3 第三单元“口试突破”是本书最重要的部分。这个单元中的六课是相对独立的。自学者如果有比较多的时间，可以按照顺序把六课的内容依次学完，这样可以得到比较全面的训练。如果时间比较紧，也可以根据自己的问题，重点学其中的某一部分，等有时间后再学其他部分。在学某一个考点时，一定要做这个考点的练习，如果有问题，再回过去研究对考点的说明，直到完全掌握。“课后练习”是各考点讲解完后的补充练习，可以巩固已学的东西。关于口语部分的学习和练习方法，可以参考“十、辅导班怎么使用本书？”。

4 单项训练学完之后或参加正式考试之前，考生可以再做“模拟考试（二）”，这次要严格按照规定的时间做，把它当做一次“实战演练”。这既是对自己学习效果的检验，又是考试前的热身训练。做完后对回答的录音进行分析，看看自己哪些方面提高了，哪些方面还有问题。

十、辅导班怎么使用本书？

使用本书的辅导班可以根据学生的情况和教学时间的长短制定相应的教学方案，合理、有效地使用本书。

一般来讲，考前辅导班以短期强化训练效果最好。如果一次课两个小时，大致可以用六至八次课完成本书的教学内容。

第一单元“考试须知”怎么讲应该根据学生的情况而定。如果学生对HSKK（高级）还缺少感性认识，建议在第一次课中只对考试内容和考试材料等最基本的问题做一个简要的介绍，而把考生应注意的问题等放到后面去讲，不要全部集中在第一次课中讲授这些内容。第二单元“模拟考试（一）”可在单项训练之前用一节课统一做。这样可以使教师对学生的问题心中有数。教师可以对学生做每一题的情况进行一个简单的统计，哪一题有问题的人多，问题主要出在哪里，讲解时可以对症下药。做模拟考试时，应按照 HSKK 规定的程序进行，使用《新汉语水平考试大纲 HSK 口试》中统一的主考用语。但作为第一次模拟考试，对学生不必太严，掌握时间可以宽松一点，让学生做完，把问题记下来以后加以说明。

第三单元是强化训练的重点。这一单元共有六课，每两课讲解一个口试题型。在课时上，每一课大约用两课时（一次课）左右比较合适。每一课主要由若干个“考点与难点”组成，请教师注意讲、练结合，争取让学生做到以后碰到类似的问题能够比较有把握地应对。每一课学完后可以做一个小结，帮助学生归纳该课要点。课后练习可作为课下作业，也可作为课上的补充练习。

在第三单元中还有一项重要的内容，就是本书在讲解第一、第三种题型时都采用了转写的方法，列举了学生考试时回答的实例，并对实例进行了分析说明。教师在讲课时可以充分利用这部分内容，把它融合到对“考点与难点”的讲解中去，把二者结合起来讲解，这样学生会更容易对考试产生感性认识，也更容易理解和接受。

“模拟考试（二）”是对单项训练的检验，同时也是一种实战演练。在教学内容全部进行完以后，教师可以安排做第二套模拟试卷，让学生进一步增加实际考试的经验，并把学到的内容运用到实际考试中去。这次的模拟考试应该严格按照实际考试的程序进行。学生必须在规定的时间内做规定的内容。有条件的还可以给学生做模拟准考证，要求学生按照准考证填写答题卡。

在模拟考试之后，应该安排一次总结课。在总结课上对模拟考试的试卷进行分析，可以结合第一次模拟考试的情况分析学生有进步的地方，增强学生的自信心；也可以根据学生考试的情况讲解他们目前还存在的问题和应注意的问题等。

本教程的录音包括模拟试卷的指令、朗读、回答问题的参考回答，以期提供给口试考生更多的示范参考。教师可以在开始教学之前先做第一套模拟试题，这样做，一是可以让学生实际体验一下考试内容和过程，增加感性认识；二是便于教师发现和总结问题，有针对性地进行后面的教学。

HSK

第二单元 02

模拟考试（一）

汉语水平口语考试
HSKK（高级）
模拟试卷（一）

注　意

一、HSKK（高级）分三部分：

1．听后复述（3题，8分钟）

2．朗读（1题，2分钟）

3．回答问题（2题，5分钟）

二、全部考试约25分钟（含准备时间10分钟）。

第一部分 02

第1—3题：听后复述

第二部分

第4题：朗读

当我为了逃避洗碗而谎称头痛时，老公会坏坏地笑着说："不洗碗可以，真头痛可万万不可以啊。"就是这种携手中丝丝缕缕的相知相惜，磨合中点点滴滴的相亲相爱，让生活变得温馨而从容。

有谁说过，"爱情的最高境界不是花前月下海枯石烂的海誓山盟，而是激情过后平淡流年的相知与共。"是的，激情过后，让我们能够执子之手与子偕老，一起历尽沧桑，安然度日。静守岁月，慢度流年。平淡相守，温暖相知。坦然相对，微笑向暖。一起淡看世上的风起云涌，静观尘世的暮霭晨曦。"从心动到古稀"多好，多好啊。

有缘结为夫妻，你就是我的情人，我就是你的爱恋，今生今世，绝不朝三暮四，从不心生游离，过最平静的日子，享最平淡的人生。如此相遇相守，此生无悔无憾。

（2分钟）

第三部分

第5—6题：回答问题

5. 如果现在具备一切条件，你最想做的是什么？请简单说说。（2.5分钟）

6. 有人认为世界和平是有希望的，有人认为世界和平是不可能实现的。你怎么看？

（2.5分钟）

模拟考试（一）录音材料

（音乐，30秒，渐弱）
你好！你叫什么名字？（10秒）
你是哪国人？（5秒）
你的序号是多少？（10秒）

好，现在开始第1到3题。每题你会听到一段话，请在“滴——”声后复述这段话。现在开始第1题。

1. 从前有一个和尚跟一个屠夫是好朋友。和尚天天早上要起来念经，而屠夫天天要起来宰杀牲畜。为了不耽误各自早上的工作，他们约定早上轮流互相叫对方起床。多年以后，和尚与屠夫相继去世了。屠夫死后去了天堂，而和尚却下了地狱。这是为什么呢？因为屠夫天天做善事，叫和尚起来念经；而相反地，和尚却天天叫屠夫起来杀生。（约1.5分钟）

2. 一辆公交车在行驶当中，一名女乘客突然晕倒，在车上数十名乘客的配合下，司机直接把公交车开到了最近的一家医院门口，6名乘客把病人抬到急诊室，并确认病情无碍之后才离开。这位乘客是由于未食用早餐而晕倒在车上的。医生提醒减肥人士，要采用科学健康的减肥方法，不吃早餐不仅会导致低血糖，甚至还可能给身体带来更严重的不良后果。（约1.5分钟）

3. 俗话说，“瑞雪兆丰年”。这是有充分的科学根据的。寒冬大雪，可以冻死一部分越冬的害虫；融化了的水渗进土层深处，又能供应庄稼生长的需要。所以一场十分及时的大雪，一定会促进明年春季作物的丰收。有经验的老农把雪比作是“麦子的棉被”。冬天“棉被”盖得越厚，明春麦子就长得越好。这就是人们为什么把大雪称为“瑞雪”的道理吧。（约1.5分钟）

好，现在开始准备第4到6题。可以在试卷上写提纲，准备时间为10分钟。（10分钟）

准备时间结束。

现在开始朗读第4题。（2分钟）
第4题结束。

现在开始回答第 5 题。（2.5 分钟）
第 5 题结束。

现在开始回答第 6 题。（2.5 分钟）
第 6 题结束。

好，考试现在结束。谢谢你！

HSK

第三单元 03

口试突破

第1课　HSKK（高级）总体特点·第一部分 听后复述　1

HSKK（高级）总体特点

HSKK（高级）作为HSK考试中主观性考试的一部分，在某些方面与同样是主观性考试的HSK（五级）中的“写短文”、HSK（六级）中的“缩写”题型有着相同的特点。比如，学生的答案与“写短文”“缩写”一样，受到考生主观因素的影响，所以是千差万别的，每个人的答案都不相同，出现的问题也不相同，与客观性考试中答案的唯一性这个特点完全不一样；再比如，正因为考生答案的多样性，无法制定一个唯一正确的标准答案，所以口语考试的评分标准也是和“写短文”“缩写”考试一样，只有一个分级的评分标准，这也就使得口语考试的评分带有一定的主观性，即考生的成绩取决于评分者根据分级评分标准所做的主观判断。

也许有人会说，“朗读”这一题型应该是有标准答案的吧？从发音的角度看，确实如此。考生所朗读的内容，每个字的发音都是有标准的。但是，当这些内容经过考生的嘴读出来以后，情况就是五花八门的了，判断答案的分数层级肯定没有选择A、B、C、D那么简单。除了发音之外，考生的语气、语调、停顿、感情、熟练程度等，都会因为受到主观因素的影响而呈现出不一样的情况，这些也都是判断答案质量的标准；而对这些内容的评定就不能依靠机器了，必须由评判者一个一个地来听考生的答案，然后做出分数层级评判，因而其结果也多多少少会受到评判者主观因素的影响。

当然，HSKK（高级）也有着与“写短文”“缩写”这两个题型不同的特点。

首先，最明显的一点就是，测试的目的是不同的。书写考试以测试考生的书面写作能力为主要目的，而口语考试则是以测试考生的口语运用能力和表达水平为主要目的的。

第二，题目的形式、考试的方法和时间也是完全不同的。HSK（五级）、HSK（六级）中的书写部分是整个考试的一部分。HSK（五级）的书写题型是“写短文”，HSK（六级）的书写题型是“缩写”，每个级别中的“书写”考试只有一种主观性题型。而HSKK（高级）是一个单独的考试，包括有三种题型：复述、朗读和回答问题，三种题型同时出现。从评判成绩的方式来看，这三种题型可以说都属于主观性试题。

从考试的方法来看，“书写”考试是笔试，而口试则是试卷采用录音和书面结合的形式，答卷采用录音的方法进行口试，这也是完全不一样的。采用录音的方式进行口试，与我们平时需要跟老师面对面进行的口语考试比起来有一个很大的优点，就是可以在一定程度上避免考生因为直接面对考官而容易产生紧张情绪，从而出现表达失误的问题。

“书写”与“口试”在考试时间上也有着很大的差别。HSK（五级）“书写”中需要写两段 80 字的短文，所需时间大约为 30 分钟；HSK（六级）“书写”中的“缩写”则一共需要 45 分钟的时间。而 HSKK（高级）的时间一共约为 25 分钟，其中含 10 分钟的准备时间，实际用于考试的时间是 15 分钟。

第三，HSKK（高级）的三个题型——“复述”“朗读”“回答问题”，有难有易，难易结合，体现了从易到难的认知原则。“复述”这种题型看起来需要记忆，不太容易，但实际上，考生只要“鹦鹉学舌”就可以了，从这个角度看，是最容易的。“朗读”看起来是不需要考生进行加工的，但其实恰恰相反，朗读不只是一个发音的问题，朗读的过程是一个对作品进行理解和加工的过程，朗读得好坏，水平差距很大。考生要朗读得好，就需要对材料有准确和深入的理解；另外还有认读汉字的问题。所以从这个意义上说，考生要朗读得好并不容易。“回答问题”是最难的一道题，需要考生在短时间内根据题目的要求组织内容和语言，还要有充实的内容和言之成理的观点，当然还要加上正确的语法和发音，这就对考生各方面的能力提出了综合性要求。

这种从易到难安排考题的做法，既符合一般人的认知过程，又能够比较全面地考查出考生的真实水平，是比较科学、合理的。

第四，从题型的风格上看，HSKK（高级）的题型有比较“死板”一点的，也有比较“活泼”一点的，两者结合，互相补充。“朗读”相对来说是比较“死板”的题型，但考生也有自我发挥的余地；“复述”并不要求考生一字不差地重复听到的内容，只要把主要内容清楚地再现出来就可以了，在这个一“进”一“出”的过程中，允许考生对语言进行自己的“加工”，这也是属于在“死板”的基础上又有一点“活泼”的题目；而“回答问题”则属于比较“活”的题目，需要考生充分发挥主观能动性和自己的水平，组织好内容和语言，并很好地把内容成段地表达出来。口试题型的这种“死板”与“活泼”的结合，既使得题目有了很好的区分度，又使得题型丰富而不单调。

第五，HSKK（高级）三种题型的结合表现出对考生口语能力的综合性要求。这三种题型结合在一起，可以从听力、语音、语调、词汇量、记忆力、流利度、熟练度、得体性和思维能力等多方面综合考查考生的口头表达能力。这种综合性的要求不仅可以更加科学合理地检测出考生的汉语口语水平，而且对对外汉语口语教学也会起到很好的引导作用。

题型与特点

● 题型

HSKK（高级）的第一部分是听后复述，共3题。这部分试题，每道题先播放一段约120字的话，要求考生听后把刚刚听到的内容复述一遍，并把复述的内容用录音的方式保存下来。例如《新汉语水平考试大纲　HSK口试》中公布的样题：

考生听到：

【例1】 03-1-1

[录音文本]

刘先生和儿子去火车站，进去以后，离开车只有五分钟了。他们跑了起来，刘先生跑得很快，先上了火车。他看见儿子还在车下面，就要下车。列车员说："先生，不能下车，车就要开了，来不及了。"刘先生着急地说："不行，是我儿子要坐车，我是来送他的。"

这段话播放完后，考生要在接下来的两分钟内，复述刚才听到的内容，并进行录音。

● 特点

"听后复述"是HSKK（高级）中新出现的、比较独特的题型。

在汉语口语的课堂教学中，老师们常常会使用"跟读""跟说""复述""给出提示词复述"等这样一些练习方法。这些方法可以有效地锻炼学生的口头表达能力，提高他们的语感。而这些练习形式正是"听后复述"的"前身"或者"基础"。

在HSKK（初级）和HSKK（中级）考试中，都采用了"听后重复"这种考查方式，要求考生听后重复句子。从初级到中级，句子的长度有所增加，从8个字左右增加到了12个字左右。到了高级口试，题型变为"听后复述"，长度从普通的句子增加到120字左右的短文。试题的难度上了一个新的台阶。

这是一种区分度非常高的口试题型，通过测试考生的复述能力，既可以清晰地了解考生对于词语、句型等的听力和理解力，也可以准确检测出考生的口头表达能力。

下面是HSKK（高级）样卷中需要考生"听后复述"的第2、第3题的录音材料：

【例2】 03-1-2

[录音文本]

有一个班，大部分学生毕业前就找到了工作，最后，只剩下一个学生还没有找到工作。这时候有个大公司来招聘销售代表，年薪三十万。于是剩下的这名学生得到了最好的工作。他不是最优秀的，但其他人都已经没有了选择的机会。我们的一生，也许可以更成功，但有时候早早地做出选择，会使我们失去更好的发展机会。

【例 3】 03-1-3

［录音文本］

冬天过去了，春天来到了。由于气温变化等原因，人们经常会觉得身体很疲劳，想睡觉，这就是我们常说的“春困”。“春困”虽然不是病，但是也会影响人们的学习和工作。不过，如果饮食合适，“春困”是可以减轻或者消失的。比如说，常吃水果、蔬菜，喝果汁儿，少吃油多的食物。

从上面的样题中，我们可以发现 HSKK（高级）的“听后复述”这个题型有以下特点：

1. 这部分由三段短文组成，每段 120 字—140 字左右。题量充分，有利于考生适应试题，也有利于相对准确地考查出考生的真实口语水平。

2. 作为一种半主观性试题，“听后复述”比让考生回答问题这种全主观性试题能够更容易控制评阅人主观因素对考生成绩的影响，因为它有一个客观的参照对象，考生在回答时受到“参照对象”的限制，不能任意发挥。这对于减少评阅者主观性对成绩的影响有很大的好处，同时也能很好地测试出考生的词汇量、听力、语音、语调、语感、口语表达的流利度、准确性等。

3. 三段短文从内容到语言风格上都各有特色。

从样卷来看，第一篇短文是带有幽默意味的小故事，写作手法以叙述为主，在三篇短文中是相对来说是最容易复述的。第二篇短文先用叙述的方法讲述一件事情，大约占三分之二的篇幅，然后发表几句议论。议论方式的使用使得复述这一篇的难度大于第一篇。第三篇短文以介绍知识和道理等为主要内容，主要采用说明和叙述相结合的方法，内容相对枯燥，是三篇短文中复述难度较大的。

4. 三篇短文的内容广泛、丰富。

三篇短文的内容涉及到日常生活、社会事件、热门话题、健康知识等，要求考生应该具备比较开阔的知识面，养成了解中国社会情况和各种文化、科学常识的习惯，同时，如果对中国文化有一定的了解，也可以帮助考生更好地理解和复述短文的内容。

5. 三篇短文从易到难排列，比较符合测试心理学由易渐难的原则，也有利于考生在逐渐适应考试的状态下回答较难的题目。

6. 每段短文包含约 10 个以上的信息点。

就拿第一篇短文来看，重要的信息点有：刘先生和儿子、火车站、离开车 5 分钟、跑起来、刘先生先上车、儿子在车下面、刘先生要下车、列车员不让、刘先生着急、是儿子要上车、刘先生来送儿子等。这对考生的记忆力提出了较高的要求。考生必须经过专门的练习才能较好地把握考试技能。

7. 涉及的词语范围比较广。

从样题看，第一篇短文的词语级别主要集中在 HSK3 级、4 级词汇；但第二、第三篇短文的词汇都涉及 5 级的词汇，还有“饮食”这样的 6 级词语出现，甚至出现了“年薪”、“气温”、“春困”、“减轻”、“果汁儿”等由两个在规定级别中出现的单音节字组合成，但在 3000 词中没有直接出现的词语。这说明，虽然高级口试要求考生掌握的词汇是 3000，但仅仅刻板地掌握这 3000 词是不够的。考生如果想取得好成绩，还需要灵活掌握词汇，重视扩大词汇量。

● **HSKK（高级）“听后复述”试题评分标准：**

要答好试题，除了了解它的特点外，我们还需要了解评分标准，尤其是对于主观性试题来说更是这样。下面是 HSKK（高级）第一部分“听后复述”的评分标准和档次：

高：考生能完整、流利地复述材料的主要内容，较少停顿和重复。

中：考生能复述部分材料内容，停顿、重复较多，有语法错误。

低：考生复述内容与原材料出入大，语言零乱，信息量小。

根据以上所分析的“听后复述”这一题型的特点和评分标准，我们可以通过掌握以下几个方面的内容来答好这道题。

考点与难点（一）　什么是复述

● 说明

考生要做好“听后复述”这道题，首先需要了解一下什么是复述。

所谓“复述”，就是把读过或听过的语言材料再重新叙述一遍。在 HSKK（高级）考试中，是重新叙述听过的内容。这是一种先输入，再输出，把记忆和表达融合在一起的综合性的语言练习或考试方式。它的主要特点是，考生先通过“听”来输入，然后通过“说”来输出。完成这种题型要求考生具备比较丰富的词汇量、比较强的听力和记忆力，以及流利的口头表达能力。

复述的方法分为重复性复述和改造性复述两大类。因为 HSKK（高级）的要求是“重复复述”，所以我们在这里只介绍重复性复述这种方法。

重复性复述又分为详细复述和摘要复述两种。所谓“详细复述”，就是要尽量完整地保留原作的内容、人物、情节或观点，不改变原作中材料的顺序。而所谓“摘要复述”则是根据要求选取原作的主要内容、主要人物、主要情节或主要观点进行复述。在 HSKK（高级）中，考生应该采用的复述方式是“详细复述”。

一般来说，详细复述有以下具体要求：

第一，复述时要能够准确地体现原材料的中心和重点。

第二，复述的内容要条理清楚，反映各部分内容的内在联系。比如如果叙述一件事情，复述时一定要交代清楚时间、地点、人物、事情的起因、经过、结果等；如果是说明知识，复述时一定要呈现事物的现象、形状、性质、特点、方法等。

第三，复述时，语言力求准确，尽量保持原文的核心词汇。

第四，复述时，要尽量减少或去除语言上的停顿、重复和口头禅，保持语言的流利畅达。

第五，如果在复述中对某些内容和语句实在记忆不清了，可以用自己的语言重新进行组织，但一定要保持语言的正确。

第六，复述时，语法和发音要正确。

● 常见错误

1. 不太理解复述的概念、特点和具体要求。

2. 在“听”和“记”的输入过程中，没有明确的目标，不知道哪些该记，哪些是重点。

3. 到了复述这个输出环节，只是根据刚才随便记忆的一些内容零七八碎地说出一点，不符合“复述”的完整、准确的基本要求。

● 应试策略与技巧

1. 考生要清楚地了解复述的概念、特点和具体要求，这样才能有的放矢地、高质量地完成复述任务。

2. 在了解以上内容的基础上，考生在第一个环节“听”的时候，就要有明确的记忆目标，抓住重点。

3. 考生在听说读写方面的语言基础非常重要。基础越好，应对各种考试的能力就越强；反之则越弱。比如，如果你没有足够的词汇量，就不能全面理解短文的意思，当然也就复述不出来或复述得不准确了。这时候你的考试技巧再好也无法施展出来。所以考生一定要重视平时的学习，扎扎实实打好基础，这样才能以不变应万变。

练习（一）

听后复述。 03-1-4

1. ____________________

2. ____________________

3. ____________________

考点与难点（二）抓住信息点，完整、准确地再现原材料的内容

● 说明

HSKK（高级）“听后复述”这一题型是让学生先听120—140字的短文，听一段复述一段短文的内容，考生需要连续听后复述三篇内容和风格不同的短文。在听的过程中，最重要的一点是，考生要善于抓住信息点，这样，在复述的过程中才能够准确、完整地体现原文的内容。

在做这道题的过程中，听懂和复述是两个紧密相关、互相影响的环节。复述的前提首先是“听懂”。而“听懂”既需要有足够的词汇量，又需要善于抓住短文中的信息点。如果听不懂，或者听懂了但没有抓住信息点，那么就会恶性循环，直接影响到复述的质量。

我们所说的信息点，就是指短文中所包含的一些重点和关键的内容，比如人物、时间、地点、情况、过程、原因、结局、现象、观点或评价、专门词语等。这些重要的信息点如果有遗漏，复述的内容就会不够完整或准确，直接影响考生的得分。

前面已经说到，每篇短文中有至少10个信息点。我们来具体分析一下样卷中三篇短文中所包含的信息点。

第一篇短文中的信息点有：刘先生和儿子、火车站、离开车5分钟、跑起来、刘先生先上车、儿子在车下面、刘先生要下车、列车员不让、刘先生着急、是儿子要坐车、刘先生来送儿子。

第二篇短文中的信息点有：一个班、大部分学生、毕业前找到了工作、一个学生没有找到工作、大公司、招聘销售代表、年薪、剩下的学生、最好的工作、不是最优秀、选择的机会、一生、早早地做出选择、失去发展机会。

第三篇短文中的信息点有：冬天、春天、气温变化、身体疲劳、想睡觉、春困、不是病、影响学习和工作、不过、饮食合适、减轻、消失、比如、水果、蔬菜、果汁儿、少吃油多的食物。

可能对具体信息点的理解每个人会有些差别，但在这个长度的短文中，一般只要能抓住10—15个信息点，就能够基本上包含短文的主要内容。在抓住这些信息点之后，考生就有了顺利、完整地复述出短文的内容的基础。当然，最终呈现出来的答案质量如何，还要看考生口语表达的总体水平。

● 常见错误

1. 考试一开始，注意力集中得不够快。

这是完成这一题型的大忌。考试开始后，由于注意力没有马上集中到听原文上，

会错过很多信息，直接影响后面的复述。

2. 只记核心词汇，不记信息点。

考生不了解词汇与信息点的区别，在听的时候，记不下原句，就记一个一个的词汇。由于记的不是信息点，所以到了复述时，有时候就会发现难以把这些词汇准确、合理地串连起来。

3. 一旦发生上述情况，就会直接导致说话结结巴巴，不能流利地表述原文的内容；或者甚至出现信息量小，所复述的内容与原文内容不符合等情况。

4. 考生的注意力过于集中在记忆前面的内容上，耽误了听后面的内容。

我们在做记录时常常会有这样的经验：有时为了把前面的一句话记全，耽误了听后面的内容，结果越落越多，造成恶性循环，无法再持续下去。这也是没有经验的考生常常容易出现的错误。考试时如果出现这种情况，是很可怕的，考生一定要加以避免。

5. 非常担心自己记不住，以至于心情过于紧张，这样会影响注意力的集中，进而影响记忆效果。

● 应试策略与技巧

1. 考试开始后，要迅速、高度地集中注意力。

考生一定要提前到达考场，在自己的位子上坐好，并安静下来，让自己的心理和精神进入考试的状态。做好这样的准备之后，考试一开始，考生就能够快速把注意力集中到听原文上来，不至于因为来不及集中注意力而耽误听原文。

2. 在听的阶段，考生要尽可能多地记信息点，而不要只是单纯地记一些词汇。

信息点和词汇的关系是：信息点是由词汇构成的。有的时候，一个词汇就是一个信息点，但有的时候，可能是几个词汇组合成一个信息点。比如，样卷第二篇短文中，“毕业前找到了工作”是一个完整的信息点。如果考生记的是“毕业 找 工作”，那么到复述时很可能就记不清楚具体的意思了，可能会说成“毕业后找到了工作”，或“毕业后开始找工作”，那就违背了原文意思。

所以我们比较倡导的是，考生在记忆时尽量以记信息点为主，不要单纯记词汇，以免因为信息不全而在复述时偏离甚至违背原文。

3. 平时多多练习，提高记忆的速度和准确性。

要做到多记信息点，就需要考生在记忆时有比较快的速度和准确性，记得又快又好。这对很多考生来说不是一件容易的事情，必须得在平时多多练习，积累经验，才能越来越熟练地掌握这个技巧。

所以考生要想在考试时记得多，记得快，一是要有足够的词汇量，这是基础；二是平时必须多练习听后记忆的技巧和能力，这样到考试中才能够记录更多的信息。

4. 记忆时不要一味地追求把句子和内容记全，要学会记信息点，不要为了记前面的内容而影响听后面的。

在考试中，考生常常会为了把前面的句子记下来而耽误了听后面的。要避免这一点，也需要经验和练习。而经验来自于实践。所以考生平时要多做实战训练，仔细体会录音中朗读的速度与自己的记忆速度之间的时间差，寻找到既能尽量多记忆信息点，又不会耽误听后面内容的平衡点，这样的话，到考试时，就能胸有成竹，而不会手忙脚乱了。

5. 缓解情绪紧张的办法有根本性的和临时性的两种。

根本性的方法，一是要提高自己的总体汉语水平，使其达到或超过 HSKK（高级）的要求，这样就会产生足够的自信，紧张感也就不会那么强烈了。还有就是要在平时多做有针对性的实战练习，多听多记，熟练掌握操作方法，这样到考试时就能做到胸有成竹，心情自然也就不会那么的紧张了。

临时性的方法，就是在考试开始前做深呼吸，排除脑子里的所有杂念，并且告诉自己，别紧张，尽力而为就不会有遗憾。然后把全部的注意力集中到听录音上，这样也就顾不上紧张了。

练习（二）

一、边听边记录信息点，然后复述。 03-1-5

1. ______________________________

2. ______________________________

3. ______________________________

二、复述完以上三篇短文后再具体分析一下每篇短文都有哪些信息点。

● 实例分析

下面用转写的方式呈现两段学生的答案。题目的形式是 HSKK（高级）样卷的第一部分，即“听后复述”的第 1 题，并进行分析评述。

● 题目（见第 24 页【例 1】）

★实例 1

● 学生答案（转写）

林（刘）先生（那个）（停顿）要、要坐火车，但是，嗯，要来不及了，嗯，快、快要坐的时候，来不及了，那个火车马上、马上开车，然后，他、那个林先生说，那个，这里有孩子，我送他、我送他，嗯……（长久停顿，没有继续往下说）

● 分析

听起来，这位考生还没有适应考试，听声音就能感觉到他比较紧张。这是主要是平时练习不够的缘故。

其他问题也是比较明显的。首先是停顿和重复比较多，句子不完整，语流也不连贯；其次是内容不完整，缺损信息太多，主要的内容都没有说出来；第三是有语音错误。

★实例 2

● 学生答案（转写）

刘先生还有儿子现在（停顿）火车站。刘先生送他的儿子，（停顿）嗯……火车快要开，出发，但是刘先生下车，然后儿子还在坐火车里，刘先生感觉很糟糕。

● 分析

这位考生所说的这一段主要有以下几个问题：

1. 有停顿，说明记忆的内容不清晰，不能连贯地表达出来。

2. 句子有语法错误。考生记不住听到的句子，只能用自己的语言复述，这样容易出现错误。

3. 考生所说的内容与原文有出入。原文中是刘先生上车了，而儿子还在车下面；但考生说的是“刘先生下车，然后儿子还在坐火车里”。

4. 内容不完整，缺损的信息较多。说明考生在记忆这个环节缺乏训练，或者不够专注，抓不住重要的信息点。

★实例 3

● 学生答案（转写）

刘先生和儿子去、一起去火车站，他们，嗯……他们俩，嗯……都上火车，火车离开的时候，刘先生还没有下车，然后服务员告诉他，你现在不可以下车。刘先生说：不行！我不要去，只是我、我的儿子要去，请你让我下车。

● 分析

这位考生复述的内容比前两位丰满得多，基本上是完整的；而且停顿和重复也不多，应该说是一个不错的复述。

不过，也存在着一些小问题，最主要的是细节与原文有出入，不符合，比如“（刘先生和儿子）都上火车”、“火车离开时”、“服务员”等，还有些细节缺损。另外，还有一些小的语法错误。最后，语音上也是有些问题的。

本课小结

● 主要考点难点：

1．什么是复述？

2．抓住信息点，完整、准确地再现原材料的内容。

● 考生常见错误：

1．不太理解复述的概念、特点和具体要求。

2．在“听”和“记”的输入过程中，不知道哪些是重点。

3．复述的内容零碎，不符合复述的“完整、准确”的基本要求。

4．考试一开始，注意力集中得不够快，错过很多信息，直接影响后面的复述。

5．只记核心词语，不记信息点。导致复述时说话结结巴巴，不能连贯地表述原文的内容；甚至出现信息量小，所复述内容与原文内容不符合等情况。

6．考生的注意力集中在记忆前面的内容上，耽误了听后面的内容。

7．心情过于紧张，反而影响记忆。

● 主要应试策略：

1．考生要清楚地了解复述的概念、特点和具体要求，并在平时打好基础。

2．考试开始后，要迅速、高度地集中注意力。

3．在听的阶段，考生要尽可能多地记信息点，而不要只是单纯地记一些词语。

4．平时多多练习，提高记忆的速度和准确性。

5．记忆时不要一味地追求把句子和内容记全，不要为了记前面的内容而影响听后面的。

6．用深呼吸的方法缓解紧张情绪。

课后练习

听后复述。03-1-6

1. ______________________________

2. ______________________________

3. ______________________________

4. ______________________________

5. ______________________________

6. ______________________________

第1课练习录音文本

练习（一）

1. 老爸坐公交车，刚坐下就上来了一位白发老大爷。老爸起身让了座位，因为还没到站，便和白发老大爷聊了起来。一问年纪，原来“白发老大爷”才53岁，而老爸今年55岁……
2. 一个小男孩拿着一张假钱走进了玩具店，准备买一架玩具飞机。售货员阿姨说：“小朋友，你的钱不是真的。”小男孩反问道：“阿姨，难道你的飞机是真的吗？”
3. 学校广场上献血，献200CC送一副修指甲的用具，献400CC送个手表。班里一位美眉听说了很高兴，跑过去问护士：“献1000CC送什么？”护士淡定地说：“送个棺材……”

练习（二）

1. 聚会时，有人给我介绍了一位新朋友，说他炒股成了百万富翁。哇！厉害！佩服佩服！我坐在他边上，悄悄地请他传授秘诀。他一脸木然地对我说：“其实也没啥秘诀……我原来是千万富翁。”
2. 有一个人叫“真啰嗦”，娶了个老婆叫“要你管”，生了个儿子叫“麻烦”。有一天“麻烦”不见了！夫妻俩就去报案。警察问爸爸：“请问这位男士，你叫啥名字？”爸爸说：“真啰嗦。”警察很生气，然后他又问妈妈叫啥名字，妈妈说：“要你管。”警察非常生气地说：“你们要干什么？”夫妻俩说：“找麻烦。”
3. 经济学家说，现在生女儿好，生儿子没用。证据是：他有两个儿子，有一年过年，他打电话给大儿子问：“你在哪里啊？”大儿子答曰：“在丈母娘家。”又打电话给小儿子问：“你在哪里？”小儿子答曰：“在丈母娘家。”继而小儿子反问：“老爸你在哪里啊？”经济学家回答：“我也在丈母娘家……”

课后练习

第一组

1. 一个老人在高速行驶的火车上，不小心把刚买的新鞋从窗口掉了一只，周围的人很惋惜，不料老人立即把第二只鞋也从窗口扔了下去。这一举动更让人们大吃一惊。老人解释说：“这一只鞋无论多么昂贵，对我而言已经没有用了，如果有谁能捡到一双鞋子，说不定他还能穿呢！”
2. 从前，有一群骄傲的动物——猴子、公鸡、小兔，它们走在一起，各自都在夸自己。猴子说：“我的尾巴最长，谁也比不过我。”公鸡又说：“你的尾巴虽长，但是没有我的尾巴好看。”小兔说：“哎呀，你们的尾巴有的长，有的好看，但是你们就没有我有一双又长又可爱的耳朵。”这个故事告诉我们，每个人都有自己的长处也有自己的短处，我们要扬长避短。

3. 有时候觉得好像每天都是一样的，都在做同样的事情，感觉枯燥无味。为何不给自己制造点儿惊喜呢？每天给自己做个不一样的饭菜，泡杯不一样的茶，去个没去过的地方，认识一个新的朋友，去做件很想做都没有做的事情，自己给自己制造点儿新鲜事。生活的每一天都应该充满期待！

第二组

4. 一个小女孩儿趴在窗台上，看窗外的人正埋葬自己心爱的小狗，不禁也跟着泪流满面，悲伤不已。她的外祖父见状，连忙把她引到另一个窗口，让她欣赏外面美丽的玫瑰花园。果然小女孩儿的心情好了起来，露出了可爱的笑容。外祖父托起女孩儿的下巴说："孩子，你开错了窗户。"

5. 有一种生长在非洲荒漠的花，其貌不扬，很少有人注意过它，许多人以为它只是一株草而已。但是，它一定会某个清晨突然绽放出美丽的花朵。原来，它需要在四至五年的时间从地下积聚水分，积攒到一定程度，然后开花。我们也应该向这种花学习，一生至少这样开一次开花，为自己美丽一次！

6. 我们每年只让地球休息一小时，那是远远不够的。在实际生活中，我们应该时时刻刻保持低碳。生活中低碳的例子有很多：不用一次性筷子；离开房间时随手关灯；出门尽量不开汽车，减少汽车尾气排放；做好垃圾分类；节约用纸；等等，这些都属于低碳生活。只要我们每个人在生活中节约能源，哪怕是微不足道的一点儿，都能为地球减轻负担。

第2课 第一部分 听后复述 2

考点与难点（三） 熟知三篇短文的基本特点和所用的表达方法

● 说明

前面在介绍题型特点时已经提到，样卷中提供的三篇短文，从内容、结构到表现方法上都各有特色。详细了解这一点对考生在考试时胸有成竹地熟练应对这一题型非常重要。一是可以让你有一个心理准备，在听之前就知道这一段大致是什么样的；二是你可以知道自己该用什么方法来复述内容，从而使自己的答案更贴合试题的内容和风格；三是这样会使你的答案更符合试题的目的和要求。这些都是可以为你的成绩加分的。所以这里专门解释一下这个问题。

先来了解一下这三篇短文的基本特点。

从样卷来看，第一篇短文的内容是带有幽默意味的小故事，在内容安排上以时间顺序为结构，写作手法以叙述过程为主，在三篇短文中是相对来说是最容易的；第二篇短文先用叙述的手法讲一件事情，大约占三分之二的篇幅，然后发表几句议论，结构方式是先叙后议，叙议结合，文中使用议论手法发表了对这件事的看法和评论，这使得复述这一段内容的难度大于纯粹使用叙述手法的第一篇；第三篇短文以介绍知识或道理为主要内容，结构上采用叙述和说明相结合的模式，写作手法也是两者的结合，内容相对比较抽象枯燥，从记忆和复述的角度来看是三篇短文中难度最大的。

下面简单介绍一下这三篇短文中所采用的叙述、议论、说明这三种常用的表达方式。

1. 关于叙述

叙述是运用文字进行表达时最常用的一种方法，它最明显的特点就是陈述“过程”。

叙述的性质主要体现在两个方面：一是记叙人、事物的变化和发展过程，呈现出线索的特点；二是叙述一般都会寓情、寓理，记人是如此，记事是如此，记物也是如此，只有这样，叙述才会具有意义。

叙述作为一种最基本的表达方法，在很多文体中都很有用。例如小说、散文、新闻文体、调查报告、游记、日记、传记、报告文学、读书笔记，甚至在议论文和论文中，只要涉及人和事，都会用到这种表达方式。

另外，叙述作为一种表达方法，不仅在书面表达中常用，而且也是口语中最常用的表达方法。HSKK（高级）的第一个题型“听后复述”中，三篇短文都使用了这种表达方法。

叙述有六个要素，即时间、地点、人物、事件、原因和结果。这六个要素又以人物为核心，一般构成这样的关系：什么人物，在什么时间、地点，干什么事，是什么原因，有什么结果。这六个要素通常被称为六个W，即who、what、when、where、why、how。叙述时把这些要素交代清楚是很重要的，它们可以使读者完整地了解人物的活动和事件发展的过程，从而准确地了解文章的内容。从写作的角度来说，交代清楚这些要素，可以使文章条理清楚，脉络分明，结构完整。如果要素残缺，必然会削弱文章的表达效果，读者也就难以全面、完整地了解文章的内容。所以，记叙文一般都必须包含这六个要素，直接或间接地回答这六个W。

2. 关于议论

所谓议论，就是作者对客观事物进行分析和评论，直接表明观点和态度的文字。作者针对某一论点、话题或材料，通过摆事实，讲道理，论述自己的观点，表明自己赞同什么，反对什么。

在样卷的第二篇短文中含有议论的成分。这篇短文先叙述了一件事情：“有一个班，大部分学生毕业前就找到了工作，最后，只剩下一个学生还没有找到工作。这时候有个大公司来招聘销售代表，年薪三十万。于是剩下的这名学生得到了最好的工作。”然后用议论的手法发表了看法和评论：“他不是最优秀的，但其他人都已经没有了选择的机会。我们的一生，也许可以更成功，但有时候早早地做出选择，会使我们失去更好的发展机会。”这段议论的文字不长，但观点清楚明白，并且在主题上有延伸和挖掘，不只是局限在“大学生找工作”这一件事上，而是扩展到了对人生的思考上。考生如果能够抓住这个特点，就可以更好地记忆这部分内容。

3. 关于说明

说明就是把一个事物说清楚，介绍明白。具体来说，“说明”是用简明扼要的文字，把事物的形状、性质、特征、成因、关系、功用等解说清楚的表达方式。被解说的对象，有的是实体的事物，如山川、江河、花草、树木、建筑、器物等；也可以是抽象的道理，如知识、思想、意识、修养、观点、概念、原理、技术等。

说明作为一种表达方法，有以下这些特点：

A. 内容具有客观性。

说明的一个主要特点是内容的客观性。说明目的是向人们介绍某种事物或科学知识或思想认识，所以一定要根据可靠的资料客观地描述，即使是说明事理，谈及有争议的论点，也要客观地加以介绍，一般不能夹杂个人的感情色彩及思想倾向。

B. 所涉及的知识必须符合科学性。

说明是通过对事物或事理的说明使人了解某种事物、知识或思想认识，因此，应当确保所陈述的事实或事理的准确性和科学性，避免在说明中出现知识性或认识上的错误误导读者。

C. 行文有条理性。

使用说明的方法，要做到层次分明，条理清楚，体现事物的内在联系，符合事物发展的一般顺序和规律。

D. 语言表达清楚、准确。

说明对事物、知识或思想认识的介绍是通过语言实现的，所以说明的语言要科学准确、通俗易懂、简单明了、生动具体。其中，语言的科学准确占有相当重要的地位。无论是表示时间、空间、数量、范围还是程度、特征、性质、制作方法等，都要求在语言的表述上准确无误。

另外，说明要按照一定的顺序来进行。可以采用时间顺序来介绍事物，说明事物的发展变化过程；也可以采用空间顺序，如从上到下、从左到右、从内到外等，来说明事物的结构与组成；或者采用逻辑顺序，如从总到分、从具体到抽象、从原因到结果等，说明事物的内在或外在联系，使说明的事物的特点一目了然。

在 HSKK（高级）的大纲中，样卷第一题“听后复述”的第三篇就是主要用说明的方法介绍了中国人常遇到的一个生活知识“春困”：“冬天过去了，春天来到了。由于气温变化等原因，人们经常会觉得身体很疲劳，想睡觉，这就是我们常说的‘春困’。‘春困’虽然不是病，但是也会影响人们的学习和工作。不过，如果饮食合适，‘春困’是可以减轻或者消失的。比如说，常吃水果、蔬菜，喝果汁儿，少吃油多的食物。”

这篇短文采用的是从“总”到“分”的说明顺序，先总体介绍“春困”这个概念，接着分述春困的影响和减轻春困的方法。

● 常见错误

1. 不了解三篇短文的结构和内容特点，没有把握试题的规律，所以听的时候没有任何心理准备，难以完整记忆短文的内容。

2. 不了解叙述、议论、说明这些表达方法的特点和使用方法，在复述中不能有意识地加以应用，影响答案的质量。

3. 对以上内容有所了解，但掌握得不熟练，在考试不能运用自如，使复述出来的内容和风格与原文差距较大。

● 应试策略与技巧

1. 考试前要认真做准备，通过自学、听课等渠道了解 HSKK（高级）的题型特点和第一部分的三篇短文在结构、内容上的特点，这对于考生顺利完成复述有很大的好处。

2. 同时考生也要具备关于叙述、议论、说明等表达方式的基本知识，在考试中有意识地理解和运用，这样可以使你的答案更贴合试题的特点和要求。

3. 平时通过反复练习熟练掌握三篇短文的特点和三种表达方式，熟练使用三种表达方式进行口语表达。

练习（一）

一、听后复述。 03-2-1

1. ______________________________

2. ______________________________

3. ______________________________

二、复述以上三篇短文后具体分析一下三篇短文各自的特点和使用的表达方法。

考点与难点（四） 复述过程中要避免不必要的停顿和重复

● 说明

在 HSKK（高级）中的“听后复述”中，复述这个环节是用口语来进行的。这就必然会涉及考生的口语表达能力。前面已经提到对口语复述的几点基本要求，这里再强调一下对口语表达的语言方面的要求：

第一，复述时，不仅语言表达要准确，没有语法错误，而且语音、语调也要求准确、清晰，这样才能获得高分。

第二，复述时，要尽量减少或去除语言上的停顿、重复和口头禅，保持语言的流利顺畅。

“准确”是对口语表达的基本要求，包括语法准确和发音准确，这是比较容易理解的；而所谓的说话“流利”，具体是指什么呢？对普通人来说，“流利”具体包括两个内容：

1. 话说得快而清楚。

2. 灵活通畅而不凝滞。

需要说明的是，这里说的“快”并不是越快越好，它指的是建立在“准确”基础上的“快”，能够表现说话人使用这种语言非常熟练。在考试中，考生要力求做到在清楚、准确的基础上保持正常的语速，这样就可以了；所谓的“通畅而不凝滞”，就是指考生说话的语流要连贯顺畅，避免不必要的停顿、重复及一些考生自己特有的口头习惯用语，这样可以使语言更加干净清楚而又流利。

● 常见错误

1. 语言零乱，句子支离破碎。

由于考生没有养成用流畅、干净、清楚的语言说话的习惯，平时说话就不够清楚、流利，再加上有很多的口头禅，如果这些习惯不加以改变，带到考试中去，就会使语句零乱，表达不流利，不能保持语句的完整性。再加上考生的语言基础不够好，词汇量、语法都没有达到一定的程度，又没有好的语感，这些都会使得语句没有连贯性，说出来的句子就会是断断续续、支离破碎的。

2. 停顿和重复过多。

一般来说，在做“听后复述”时出现过多的停顿和重复，就会表现出“结结巴巴”的情况，主要有以下两个原因：

一是平时的习惯，就是平时说话就喜欢来回重复，有的人是喜欢重复最后的一句话，有的人是习惯重复最后的词语。这样的习惯容易被带到口语考试中去。 二是考生记不住之前听到的内容，一边回忆一边说，这时就会出现发音结结巴巴，语句断断续续的情况，出现这样的情况也容易使句子不完整，语流不畅达。也可以说，是“语料”跟不上话语产生的瞬即性，就出现了语流断档，这时表达者就可能用“附加语”以及“口头禅”来一边“填补”一边“找话说”，这就是我们常会听到考生有过多的停顿，或者爱说“嗯”“这个”“那个”的原因。

3.“口头禅”不断出现，影响了口语表达的流利和通畅。

“口头禅”这个词来自于佛教，原来是指和尚常说的禅语或佛号，现指经常挂在人们口头上而无实际意义的词句。很多人都有自己的“口头禅”，中国人比较常见的有“这个、那个、那么呢、然后呢、然后就、你知道吗”等，或者喜欢在两个句子之间加“嗯”“啊”之类的叹词。学汉语的外国人也有口头禅，只是有的人由于受到母语的影响而与中国人有所区别。还有些人也学了中国人的口头禅。如果把这些口头禅带到口语考试中，会产生很不好的效果，使语言拖泥带水，不够干净利索，甚至使句子割裂，严重影响语言表达的流利性。

● 应试策略与技巧

1. 在练习时，多采用大声朗读的方法可以有效地缓解和消除以上问题。

对于语言学习来说，大声朗读的好处很多。它既可以帮助你集中注意力，提升兴奋度，建立自信心，又可以从视觉、听觉、大脑和口腔运动等多方面对朗读者产生全方位的刺激，从而加强朗读者的记忆，并非常有助于培养正确的语感，因为朗读的对象多半是语言表达正确的文章。如果每天坚持朗读 15—30 分钟，一个月后就能够见到明显的成效。如果能够长期坚持，会对提高口语表达能力产生意想不到的良好效果。

大声朗读也要掌握有效的方法。不停地更换朗读材料，每一个朗读材料只朗读一次，这样做是不会有太大效果的。正确的做法是，在选定一段朗读材料后，一定要反复朗读多遍，达到熟读甚至可以背诵的程度，然后再换新的材料。这样才能达到预期的效果。

在朗读时，还要注意发音正确，语句连贯流畅。

坚持每天用准确、连贯的口语大声朗读，可以有效地克服说话结结巴巴不流畅，老是带着口头禅，以及总是喜欢重复前一句话或前一句话的最后几个字等毛病。

2. 在平时的说话中，一定要注意“随时控制”，不让自己重复以前的毛病，让好习惯战胜坏习惯，成为一种自然的常态。

如果考生只是在朗读时注意准确和连贯，而在平时说话时还是随随便便，保留着自己以前的坏习惯，那么这样的行为就会抵消朗读带来的好效果，使得朗读事倍功半；而反之，如果你平时注意随时控制，在平时说话时也保持朗读时的好习惯，尽量改变自己以前的坏习惯，那么朗读的效果必然会事半功倍。

要想达到这种效果，首先必须要让自己的说话速度慢下来，甚至要比正常的语速更慢一些，努力发好每一个音，说好每一句话，这样久而久之，好习惯就变成了常态。这时候再渐渐加快语速，达到正常的水平，那你的口语肯定就说得又准确又流利了。

3. 在实际考试中，如果考生的思维和记忆出现间断，不能跟上说话的速度，也不要停止说话，可以用放慢语速的方法进行缓解，一边说一边想，想到什么就说什么，保持语流的连贯，千万不要有过多、过长的停顿，也不要用重复前面的话的办法来回忆刚才听到的内容。

练习（二）

一、听自己做前面练习时的录音，分析一下自己在汉语语音方面存在的主要问题，然后请老师点评。

二、听后复述。 03-2-2

1. ______________________________

2. ______________________________

3. ______________________________

考点与难点（五）　使用正确的语音、语调

● 说明

对于口语考试来说，不管是“听后复述”“朗读”还是“回答问题”，最重要的一点就是发音。标准的发音是考生通过口语考试、取得好成绩的基本保证。所以，考生一定要重视汉语语音的问题。

汉语的语音由一个一个的音节组成，一般来说，一个汉字就代表一个音节。一个音节中，包含有声母、韵母和声调三部分。

声母是指音节开头的辅音。比如在“美”(měi）这个音节里，辅音“m”就是它的声母。有的音节不以辅音开头，就是没有声母，这样的情况叫做“零声母”，比如“爱”(ài)。声母都是辅音，但辅音不都是声母。汉语中有 21 个声母：b、p、m、f、d、t、n、l、g、k、h、j、q、x、zh、ch、sh、r、z、c、s。

韵母是指音节中声母后面的部分。比如在“北”(běi）这个音节中，“ei”就是它的韵母。零声母的音节整个都由韵母构成。普通话中的韵母按照语音结构可以分为单韵母、复韵母和鼻韵母三种。单韵母有 7 个：a、o、e、i、u、ü；复韵母有 13 个：ai、ei、ao、ou、ia、ie、ua、uo、üe、iao、iou、uai、uei；鼻韵母有 16 个：an、en、in、ian、uan、un、ün、uan、ang、eng、ong、ing、iang、uang、ueng、iong。

声调是指音节中具有区别意义作用的音高变化。声调贯穿音节的始终，它的主要作用是区别意义。普通话中有阴平、阳平、上声、去声四个调类。也有一种说法是汉语有五个声调，就是在以上四声的基础上再加上轻声。

为了使声音形象化，便于学习和掌握，一般采用“五度标记法”对声调的调值进行描写。用一条竖线坐标尺表示声音的高低，由下而上就是声音由低到高，分为五度，即低、半低、中、半高、高，分别用 1、2、3、4、5 依次表示，再用一条横斜或弯折的辅线表示升降起止的度数。(见下图)

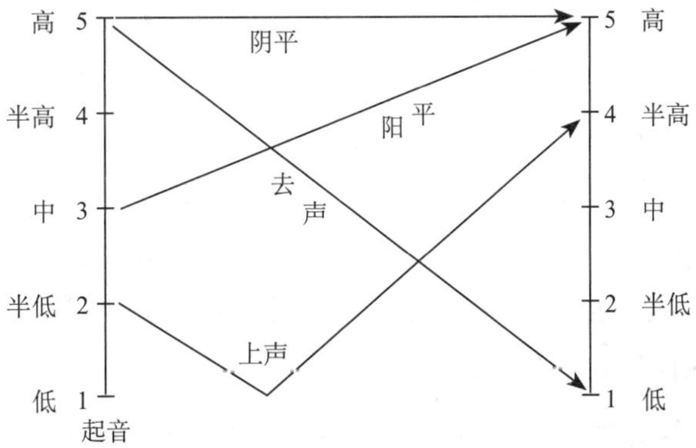

图 1　五度标记法

我们平时使用的四个声调符号“ˉ、ˊ、ˇ、ˋ”，就是把五度标记法中的竖线去掉，使其更加简化而形成的。

以上是关于普通话语音的一些基本知识，考生应该通过反复练习，准确、熟练地掌握。在口语考试中，判断考生语音的质量有两个层面的标准。第一个标准是“准不准”，指发音是否正确，发音部位、发音方法等是否准确到位；更高一层的第二个标准是“美不美”，就是在准确的前提下强调发音的品质，包括更高的清晰度、熟练度、优美感和表达感情的恰当程度，等等，要求能够通过发音来满足表情达意的需要。在参加口语考试时，考生至少应该达到第一个层面的要求，才能取得理想的成绩。在这个基础上，随着发音熟练程度的增加，使发音向更加和谐、更加自然、更加优美的层面迈进。

• 常见错误

1. 考生在初级阶段没有打好语音基础，养成好的发音习惯，在发汉字的音节和声调时常常不准确、不到位；而且有些考生到了高级阶段已经养成了比较顽固的错误发音习惯，纠正起来比较困难。

2. 考生的词汇量不够，在听的过程中有不知道的词语，复述时自然就说不出来。如果这个词语是这篇短文中的关键词语，那么复述中就会出现比较严重的遗漏或错误。

3. 考生受母语的负迁移影响比较大，“洋腔洋调”比较严重，纠正起来比较困难。

• 应试策略与技巧

1. 考生首先应该了解汉语语音的基本知识，这样可以帮助你明白自己的问题在什么地方，并且也便于你有意识地纠正自己的发音。

2. 在老师的帮助下找出自己发音的主要问题，进行有针对性的强化训练。

第二语言的语音习得是一件个性化极强的事情，每个人的情况千差万别。因为个体差异和所受母语影响大小等各方面的差异，每位考生的发音问题是各不相同的，即使是同一母语的考生，也会因为个体差异而表现出各不相同的问题。所以考生只有找出自己的问题，并进行有针对性的练习，才能有效地纠正目前存在的主要发音问题。

3. 用录音的方法直接感受自己发音的问题。

自学的考生没有老师的指导，可以采用给自己录音的方法，把自己说的或者读的一段话录下来，然后再自己听一下。这样做的原因是，听的时候，考生是站在第三者的、相对客观的角度来听自己的发音，跟平时自己说话时听到的自己的声音感觉是完全不同的，这样做比较容易发现自己的问题。

如果选用一段有正确录音、可以进行对比的文字做这种训练，效果会更好。可以把自己读的声音录下来，再跟标准的发音对比一下，仔细感受自己在语音语调方面的问题。

4. 增强听辨能力对于纠正发音也是非常重要的。

语音问题的矫治还特别依赖于发音者的听辨能力。前面我们说了用听自己的录音的方法来直接感受自己的发音问题，但如果你听不出自己的声音是否“准”，是否“美”，自己就很难实现语音问题的矫治。而语音的矫治必须遵循一步到位的原则，这里的“到位”指的是达到正确的程度。如果不到位，即使是很接近正确的状态了，但实际上还是错误的。在这样的基础上进行练习，无异于是在重复和巩固自己的错误，没有任何的意义。解决语音问题必须用“短平快”的方法一步到位，然后通过练习和随时控制的方法巩固效果。在这个过程中，听辨能力起着决定性的作用。

提高听辨能力没有特别的诀窍，考生只有通过平时多听、多比较、多体会，才能提高自己的听辨能力。

一般的口语教材都带有录音光盘。但我们在教学中发现，很多学生从来不听光盘，一个学期过去了，光盘还原封不动地在书后面贴着。这是资源的浪费，是非常可惜的。考生在平时的学习中就要多听标准的发音，这样对提高自己的听辨能力是有很大好处的。

5. 纠正语音还要注意先慢后快，先准后畅。

这里的“慢”和“快”，指的是考生说话的速度。在矫治发音问题时，一开始不要过于追求说话速度的快，而是要让自己的每一个纠正后的发音都能够准确到位，等熟练以后再慢慢加快速度，使语流顺畅起来。有的考生有一个片面的看法，认为快就是流利，所以他们不太管发音准确不准确，而是为了表现自己能够说流利的汉语而一味地追求说得快，这是一种误解。如果你发音不准确，说得越快越让人听不清楚，怎么会有理想的效果呢？

所以纠正发音问题，一定要遵循先慢后快、先准后畅的原则，这样才能取得理想的效果。

练习（三）

一、复习一下汉语声母、韵母的发音。

二、根据拼音，把下面三首诗准确地朗读出来。

1. Dēng Guànqiè Lóu

Bái rì yī shān jìn,
Huáng Hé rù hǎi liú.
Yù qióng qiān lǐ mù,
Gèng shàng yì céng lóu.

2. Jìng Yè Sī

Chuáng qián míng yuè guāng,
Yí shì dì shàng shuāng.
Jǔ tóu wàng míng yuè,
Dī tóu sī gù xiāng.

3. Mǐn Nóng

Chú hé rì dāng wǔ,
Hàn dī hé xià tǔ.
Shuí zhī pán zhōng cān,
Lì lì jiē xīn kǔ.

三、听后复述。03-2-3

1. ____________________

2. ____________________

3. ____________________

● 实例分析

下面用转写的方式呈现六段学生的复述答案。题目是 HSKK（高级）样卷第一部分即“听后复述”的第 2、3 题，并进行分析评述。

● 题目（见第 24 页【例 2】）

★ 实例 1

● 学生答案（转写）：

有一个班，（较长停顿）学生们找到了、找到了工作，但是有一个学生他还没找到。这时候一个大公司来了，为了找、来了招聘学生。这时候正好这个一名还没找到的学生，拿到了这个、这个工作，这个工作的年薪是 30 万。（较长停顿）这个故事说明，我们可能更成功，但是早处（作）选择就不能拿到了这个很好的机会。

● 分析

应该说这位考生复述得很不错，语流比较通畅，没有太多的停顿和重复，原文中主要的信息也都记住并表达出来了，说明他听的时候很专心，记忆力和语言的基础都比较好。

不过这段话有一个明显的问题，就是前面三分之二的叙述部分说得比较清楚明白，但后面三分之一的感想和看法，语言表达就有问题了，记得和说得都不够清楚，意思与原文也有误差。出现这个问题说明，一般来说，叙述的内容比较容易记住和复述出来，但议论和感想一类的内容，就会相对难一些。考生要重点训练对这一类内容的记忆和复述。

★实例 2

● 学生答案（转写）：

有一个班，毕业以前开始找工作。但是，有的一个学生还没找工作，但是，一个大公司招聘他，嗯……那个公司的（停顿）年收是 30 万。别的同学已经没有选择,（停顿）那个公司招聘的学生最成功的。

● 分析

与实例 1 相比，这一段复述的质量明显要差一些。主要表现在以下几个方面：

1. 信息不全，缺损得太多，很多重要的信息点没有包含进去。

2. 语言错误太多。考生不能记住原文的语言，只能复述意思，加上语言基础不够好，就出现了一系列的语言问题。

3. 从信息量来看，前面记住的多一些，后面的一半基本没有记住。这是考生应该注意吸取的一个教训。在听的时候，一定要集中全部的注意力，听完完整的一段，不能只关注前面的部分而忽略后面的部分，造成复述时“头重脚轻”的失衡状况。

★实例 3

● 学生答案（转写）：

有个一班的学生找工作，但是只有一个人……一个人没工作，但是他以后最好的找工作。这个一个说是，人、人是发展的机会真更重要。

● 分析

这位考生的这段话，不仅内容缺损得很多，很多重要的信息没有说出来，而且几乎每句话都有语法错误，所以只能得低档分了。

在这里还是要强调练习记忆的重要性。如果平时不做或很少做记忆的练习，不注意积累经验，到考试时必然就会捉襟见肘，问题频出，很难获得理想的成绩。

● 题目:（见第 25 页【例 3】）

★实例 4

● 学生答案（转写）：

冬天过了，冬天过来，冬天过了，春天来了。春天的时候，我们、我们、我们很困。那个困的、困的、困的……时候有一个春困。春困不是病，但是它、它们、它们常常叫、常常叫……，嗯……不知道。但是困，嗯……，困，春天的时候我们感觉休息的、精神的感觉，还要好好吃,（长时间停顿，话语模糊）有很多很多，很好吃的呀……

● 分析

这段话的问题比较多。

一是重复的地方比较多，有的地方甚至重复了三遍，使整个的一段话断断续续的，毫无流利性可言，同时也说明考生对要说的内容没有把握好。

二是考生所说的内容与原文差距比较大，基本上没有把原文的主要意思说出来，关键的信息遗漏得很多。

三是语言结结巴巴，形不成完整的句子。

要想改变这种情况，还需要从整体上提升汉语水平；另外平时一定要在老师的指导下多加练习，这样才会逐步改善。这位考生要想达到考试要求，还需要多练习一段时间，急于求成反而会适得其反，一口吃不成一个胖子。

★实例 5

● 学生答案（转写）：

嗯……冬天过去了，春天到了，嗯，很多人们嗯春天感到嗯……要睡觉，嗯，感觉很疲劳，嗯，这个叫春困。嗯，但是嗯这个春困嗯，给我们工作学习方面嗯不好的影响，嗯，但是春困是因为嗯……吃很多水果蔬菜，很多食物，嗯，所以感到春困。

● 分析

由于受到母语的影响，这位考生的复述语言中频繁出现口头禅，有长有短，使语言变得支离破碎的，流利性大受影响。

另外，这段话的后半部分，内容与原文大相径庭。把原文中如何减轻春困的办法说成了春困原因，这说明考生对后半部分的内容听得不专心，完全记不清了。上面的例子中已经多次出现这种情况，这是其他考生应该引以为戒的。

★实例 6

● 学生答案（转写）：

冬天过去了，春天来到了。在春天，有一个特别的现象，叫春困。这个指的是，人会比较、比较累的，比较困的。嗯，这不是一种病，但是还是会影响人的学习和工作。嗯，可以说，有一种药，就是吃健康的东西，比如，水果还是蔬菜什么的，这也可以治理这种、这种、这个问题。

● 分析

这位考生说得很不错，不仅发音很好，也没有什么太多的停顿和重复，语言很流利；而且考生全程都听得很专心，把内容记得很全，重要的信息点几乎没有遗漏，是一段可以得高档分的答案。

需要特别指出的是，这段话的后半部分，考生对原文内容在语言上做了一些调整，虽然没有用原话，但基本意思跟原文是符合的，这不仅是允许的，而且这说明考生的语言基础比较好，总体水平不错，所以即使用自己的话来讲，也可以基本做到表达清楚。

当然，问题还是有的。比如，有个别的停顿和重复；另外，考生用错了“还是”这个词。“还是”主要表示选择，而这里不是要表示选择，而是表示“追加”或者“和”，所以不应该用“还是”，而应该用“还有”，这是很多留学生容易混淆的两个词。

本课小结

• 主要考点难点：

1. 熟知三篇短文的基本结构和所用的表达方法。
2. 复述的过程中要避免不必要的停顿和重复。
3. 使用正确的语音、语调。

• 考生常见错误：

1. 不了解三篇短文的结构和内容特点，难以记忆短文的内容。
2. 在复述中不能有意识地应用叙述、议论、说明等表达方法。
3. 语言零乱，句子支离破碎。
4. 停顿和重复过多。
5. “口头禅”不断出现，影响了口语表达的流利和通畅。
6. 考生在初级阶段没有打好语音基础，发音不准确、不到位。
7. 考生的词汇量不够，在听的过程中有不知道的词语，复述时自然就说不出来。
8. 受母语的负迁移影响比较大，“洋腔洋调”比较严重。

• 主要应试策略：

1. 考生要具备关于叙述、议论、说明等表达方式的基本知识，在考试中有意识地运用。
2. 平时通过反复练习熟练掌握三篇短文的结构和内容特点，熟练使用三种表达方式进行口语表达。
3. 采用大声朗读的方法可以有效提高口语表达水平。
4. 在平时的说话中，一定要注意“随时控制”。
5. 在实际考试中，如果考生的思维和记忆出现间断，不要停止说话，要保持语流的连贯。
6. 考生首先应该了解汉语语音的基本知识。
7. 在老师的帮助下找出自己发音的主要问题，进行有针对性的强化训练。
8. 用录音的方法直接感受自己发音的问题。
9. 增强听辨能力对于纠正发音也是非常重要的。
10. 先慢后快，先准后畅。

课后练习

听后复述。 03-2-4

1. ____________________
2. ____________________
3. ____________________

4. ____________________
5. ____________________
6. ____________________

第2课练习录音文本

练习（一）

一、听后复述

1. 二姐家的小女儿很小，但是识字却很多。有一次她病了，我致电问候小宝贝儿："生病难受吗？""难受。""你不是吃过药了吗？那很快就会好的。""我都看了，药上写了有效期两年，我还得等两年才能好呢！"她很忧伤地回答。
2. 朋友家里来了个淘气的孩子，把他的房间翻了个底朝天。朋友回来看到以后，没有骂这孩子，而是把他带到了钢琴前面让他叮叮咚咚地弹了一阵子，然后跟他父母说，这小孩很有弹钢琴的天分啊！于是这个孩子从此再也没有假期了。
3. 帅帅说他喜欢幼儿园一个叫苗苗的女孩儿。第二天帅帅赖床，妈妈就说"苗苗在等你哟"，帅帅飞快地爬起来了。帅帅不洗澡，妈妈就说"苗苗爱洗澡哟"，帅帅就乖乖脱了衣服开始洗。帅帅挑食，妈妈说"苗苗什么都吃哟"，儿子就开始大口大口地吃。虽然还不知道这个苗苗是谁，但感谢苗苗，5岁真爱的力量相当强大！

练习（二）

二、听后复述

1. 有个太太抱怨对面的太太很懒："那个女人的衣服永远洗不干净，看，她晾在院子里的衣服总是有斑点。"有一天，有个细心的朋友到她家，拿了一块抹布，把这个太太窗户上的灰渍擦掉，说："看，这不就干净了吗？"原来，是自己家的窗户脏了。我们在生活中不也是常常看不到自己的缺点吗？
2. 红红的辣椒一串串地挂着，格外好看。一只小猫看见了，想："这是什么好吃的？我一定要尝尝！"小猫伸出舌头舔了一大口。"哎呀！辣死了，我的嘴里着火了！"这时，有三只老鼠路过，老鼠看见小猫张着大嘴，还以为要吃它们，吓得飞快地逃跑了。这个故事告诉我们：不要被事情的表面现象所迷惑，要有自己的判断。
3. 现在很多女孩子都喜欢看韩剧。因为韩剧的画面唯美：男主角帅气，女主角漂亮，场景很精致，颜色很鲜艳，看起来赏心悦目。韩剧的故事通常和爱情有关，很感人，但往往难有完满的结局，女主角的命运总是很悲惨，要么嫁给了不爱的人，要么得了癌症去世。总之，韩剧的画面很美，但剧情常常让人觉得不够真实，千篇一律。

练习（三）

三、听后复述

1. 沈阳一名男子一天吸两包烟，夫妻同时被查出肺癌。这名男子去世两年后，他的女儿也被查出肺癌。有人认为三手烟是女孩儿得肺癌的元凶。一些烟民担心自己长时间吸烟所散布的有害物质会不会让家人得肺癌！专家说，人在吸烟后呼出的有害气体并不会在空气中停留太久，因此“三手烟”的危害远远小于二手烟。

2. 刘先生在一家自动取款机处取款，离开后，才发现自己新买的苹果手机不见了。手机内存有大量信息，这让他非常着急，他马上报了警。民警经过数天的寻找，终于帮刘先生找回了遗失的手机。最近，这种因为粗心大意而丢失贵重物品的事件频发，警方提醒市民，外出时要细心照看好自己的东西，以免发生不必要的麻烦。
3. 小李是大学三年级学生。今年暑假，他遇到一位没人照顾的 80 多岁老人。出于同情，他每天从学校徒步走三站路去看望老人，有时他会从学校食堂给老人带来一盒热腾腾的饭菜，有时则是几件衣物，有时他什么都不带，只是陪老人说说话。小李帮助老人的行为受到了大家的一致称赞，现在，媒体已经开始帮助老人寻找家人。

课后练习

第一组

1. 父子二人经过五星级饭店门口，看到一辆十分豪华的进口轿车。儿子不屑地对他的父亲说：“坐这种车的人，肚子里一定没有学问！”父亲则轻描淡写地回答：“说这种话的人，口袋里一定没有钱。”
2. 今天我突然感冒了，难受极了。一定是昨天晚上打篮球的时候，脱了衣服忘了穿，着了凉。早上起床的时候，我先是打喷嚏，后来又咳嗽。朋友摸了摸我的额头，吓了一跳：这么烫啊！用体温表量了一下，居然有三十九度！她赶紧给我吃了药。药真难吃，我强忍着把它吃了下去。感冒真难受，大家一定要注意身体，加强锻炼，这样就不会轻易感冒了。
3. 慢性子的人干什么都很慢，走路慢，说话也慢，但是慢也有慢的好处：可以尽情欣赏路边的风景，可以用自己的眼睛细细地观察这个世界，可以充分享受悠长的时光。慢并不是愚笨，而是一种态度，人生就是一条漫长的道路，我们要慢慢来。

第二组

4. 一辆坐满乘客的公共汽车沿着下坡路快速前进着，有一个人在后面紧紧地追赶着这辆车子。一个乘客从车窗中伸出头来对追车子的人说：“老兄！算啦，你追不上的！”这人气喘吁吁地说：“我必须追上它，因为我是这辆车的司机！”
5. 从前，有两个兄弟各自带着一只行李箱出远门。一路上，重重的行李箱将兄弟俩压得喘不过气来。他们只好左手累了换右手，右手累了又换左手。忽然，大哥停了下来，在路边买了一根扁担，将两个行李箱一左一右挂在扁担上。他们挑起两个箱子上路，觉得轻松了很多。在我们人生的大道上，我们要学会互相帮助，才能共同进步。

6. 过节的时候，我会给自己在家乡的朋友寄贺卡、写信，送上我小小的祝福。我也喜欢收贺卡，每次看到朋友们寄来的贺卡上各种各样熟悉的笔迹都很兴奋，看着他们写的字就像和他们当面交谈一样；但是现在越来越多的人选择了发电子邮件，电脑上的字毕竟不如手写的字看起来亲切，少了许多人情味儿。

第3课 第二部分 朗读 1

题型与特点

● 题型

HSKK（高级）第二部分试题是“朗读”，1题。这部分试题的题型是：试卷上会提供一段近300字的短文，要求考生在两分钟之内朗读一遍，并进行录音。例如《新汉语水平考试大纲 HSK口试》中样卷第二部分的样题：

微笑是对生活的一种态度，跟贫富、地位、处境没有必然的联系。一个富翁可能整天烦恼忧愁，而一个穷人却可能心情舒畅。只有心里有阳光的人，才能感受到现实的阳光，如果连自己都苦着脸，那生活如何美好？生活始终是一面镜子，当我们哭泣时，生活在哭泣；当我们微笑时，生活也在微笑。微笑是对他人的尊重，同时也是对生活的尊重。微笑是有“回报”的，人际关系就像物理学上所说的力的平衡，你怎样对别人，别人就会怎样对你，你对别人的微笑越多，别人对你的微笑也会越多。微笑是朋友间最好的语言，一个自然流露的微笑，胜过千言万语，无论是初次见面，还是相识已久，微笑都能拉近人与人之间的距离，令彼此倍感温暖。

完成这部分考题，要求考生语音语调正确，语音和句逗停顿恰当，语气符合文章句式和文意的特点。

样题所给的这段抒情性的语料不仅语言优美，易于上口，而且包含了各个级别的词语，既有大量的一、二、三、四级中的词，也有一些五级、六级的词，还有几个超出大纲以外的词，比如“贫富、富翁、哭泣、千言万语”等；但严格地说，出现这些词语并不奇怪，因为组成这些词语的汉字，都是在大纲中出现过的，所以也是考生应该掌握的。同时，句式复杂多样，有大量的陈述句，也有疑问句；另外，还有比较多的常用结构和句式。就考查考生的汉字认读能力来说，它具有较强的区分性。通过让考生朗读这段文字，可以比较清楚地了解到考生的语音语调情况，考查出考生认读汉字的能力和对汉语言文字的理解能力；同时，通过观察考生在朗读中语音停顿和断句是否恰当，以及朗读是否带有感情色彩，可以知道考生对文章的理解程度，也可以从中了解考生对汉语的直觉和感悟的水平，以及语言能力的综合水平。

● 特点

首先，朗读是一种限制性的口试题型，要求考生必须朗读规定的短文，这样能在很大程度上提高答案的可比性和评分的可控性，减少评分过程中的主观性。

其次，这个题型的考查重点是考生的汉字认读能力，所以所选的短文中各级词汇分布合理，也有一定数量的超出大纲的词语，句式和表达方式丰富多样，内容贴近生活。这使得题目有较强的区分度，一般听完考生的朗读，就能够对其汉字认读能力和语音水平做出比较客观、准确的评价。

第三，这个试题要求考生在朗读文章时使用正常的语速，约 120—180 字 / 分钟。并且要在正确理解文章意义的基础上，准确、熟练地运用普通话，做到语音、声调正确，吐字清晰，语调自然地道，停顿恰当，朗读连贯流畅，快慢适当，语气符合文章句式和内容的要求。

- **HSKK（高级）“朗读”试题评分标准：**

高：考生朗读流利，能很好地把握语音、语调等，有少量错读、重复、停顿等。

中：考生能朗读大部分内容，但有较多错读、停顿、重复等。

低：考生仅能朗读少量句子。

根据以上“朗读”这一题型的特点和评分标准，我们可以通过掌握以下几个方面的内容来答好这道题。

考点与难点（一） 读准形声字

● 说明

所谓形声字，就是有表音和表意两部分合起来的汉字，表音的部分叫声旁，表意的部分叫形旁。比如“桐”字，它左边的“木”是形旁，它右边的“同”就是声旁。这些形声字，按声旁来读，本来应该是对的，但因为古今读音变化很大，变化规律也很复杂，所以现在不少汉字的声旁已经不可靠了，不能完全按照声旁来确定形声字的读音。所以考生在朗读时，遇到形声字一定要慎重，不能想当然地读半边。

下面就列举一些容易读错的形声字：

皑（ái），白雪皑皑，不读岂（qǐ），也不读铠（kǎi）。	隘（ài），狭隘，不读益（yì）。
胞（bāo）：细胞、同胞、双胞胎，不读泡（pào）。	焙（bèi）：烘焙，不读陪（péi）。
迸（bèng）：迸发，不读并（bìng）。	愎（bì）：刚愎自用，不读复（fù）。
濒（bīn）：濒临，不读频（pín）。	哺（bǔ）：哺育，不读甫（fǔ）。
捕（bǔ）：捕捉、逮捕，不读普（pǔ）。	糙（cāo）：粗糙，不读造（zào）。

（续表）

嘈（cáo）：嘈杂，不读糟（zāo）。	刹（chà）：一刹那，不读杀（shā）。
阐（chǎn）：阐述，不读单（dān）。	忏（chàn）：忏悔，不读千（qiān）。
怅（chàng）：惆（chóu，不读 zhōu）怅，不读长（zhǎng/cháng）。	嗔（chēn）：嗔怪，不读真（zhēn）。
撑（chēng）：撑船，不读掌（zhǎng）。	骋（chěng）：驰骋，不读聘（pìn）。
炽（chì）：炽热，不读只（zhǐ）。	憧（chōng）：憧憬，不读童（tóng）。
淙（cóng）：淙淙（流水的声音），不读宗（zōng）。	蹴（cù）：一蹴而就，不读就（jiù）。
簇（cù）：花团锦簇，不读族（zú）。	磋（cuō）：磋商，不读差（chā）。
殆（dài）：消失殆尽，不读怡（yí），也不读台（tái）。	惮（dàn）：肆无忌惮，不读单（dān）。
涤（dí）：洗涤，不读条（tiáo）。	谛（dì）：真谛、要谛，不读蹄（tí）。
淀（diàn）：沉淀，不读定（dìng）。	玷（diàn）：玷污，不读沾（zhān）。
恫（dòng）：恫吓，不读同（tóng）。	咄（duō）：咄咄逼人，不读出（chū）。
踱（duó）：踱步，不读度（dù）。	遏（è）：遏制，不读揭（jiē）。
沸（fèi）：沸腾，不读弗（fú）。	拂（fú）：拂面、拂晓，不读佛（fō）。
尴尬（gāngà）：不读监介（jiānjiè）。	犷（guǎng）：粗犷，不读旷（kuàng）。
诡（guǐ）：诡计，不读危（wēi）。	刽（guì）：刽子手，不读会（huì）。
酣（hān）：酣睡，不读甘（gān）.	憾（hàn）：遗憾，不读感（gǎn）。
皓（hào）：皓月，不读告（gào）。	涸（hē）：干涸，不读固（gù）。
阂（hé）：隔阂，不读孩（hái）。	徘徊（páihuái），不读回（páihuí）。
踝（huái）：脚踝，不读果（guǒ），也不读课（kè）。	讳（huì）：忌讳，不读伟（wěi）。
畸（jī）：畸形，不读奇（qí）。	汲（jí）：汲取，不读吸（xī）。
歼（jiān）：歼灭，不读千（qiān）。	矫（jiǎo）：矫正、矫健，不读乔（qiáo）。
酵（jiào）：发酵，不读孝（xiào）。	厩（jiù）：马厩，不读既（jì）。
狙（jū）：狙击，不读组（zǔ）。	沮（jǔ）：沮丧，不读且（qiě），也不读阻（zǔ）。
忾（kài）：同仇敌忾，不读气（qì）。	瞰（kàn）：俯瞰，不读敢（gǎn）。
铿锵（kēngqiāng），不读坚将（jiānjiāng）。	酷（kù）：残酷、酷热、酷暑、酷爱，不读告（gào）。
脍（kuài）：脍炙人口，不读会（huì）。	喟（kuì）：喟叹，不读胃（wèi）。

（续表）

廓（kuò）：轮廓，不读郭（guō）。	烙（lào）：烙饼、烙印，不读各（gè），也不读洛（luò）。
例（lì）：例子、举例、条例、例外，不读列（liè）。	恋（liàn）：恋爱、恋恋不舍，不读亦（yì）。
凛（lǐn）：寒风凛冽，不读禀（bǐng）。	贿赂（huìlù）：不读有洛（yǒuluò）。
缕（lǚ）：千丝万缕，不读娄（lóu）。	履（lǚ）：履行，不读复（fù）。
裸（luǒ）：赤裸裸，不读果（guǒ），也不读棵（kē）。	霾（mái）：阴霾、雾霾，不读狸（lí）。
蓦（mò）：蓦然，不读暮（mù）。	陌（mò）：陌生，不读百（bǎi）。
捺（nà）：按捺，不读奈（nài）。	拟（nǐ）：比拟，不读以（yǐ）。
匿（nì）：匿名，不读若（ruò）。	蔫（niān）：菜蔫了；孩子发烧烧得蔫了；不读焉（yān）。
拈（niān）：拈轻怕重，不读占（zhàn）。	酿（niàng）：酿造、酝酿，不读良（liáng）或者嚷（rǎng）。
懦（nuò）：懦弱，不读需（xū），也不读儒（rú）。	畔（pàn）：河畔，不读半（bàn）。
咆哮（páoxiāo），不读包孝（bāoxiào），也不读抱孝（bàoxiào）。	抨（pēng）：抨击，不读平（píng）。
瀑（pù）：瀑布，不读暴（bào）。	迄（qì）：迄今为止，不读乞（qǐ）。
憔悴（qiáocuì），不读焦悴（jiāocuì）。	惬（qiè）：惬意，不读夹（jiā），也不读侠（xiá）。
沁（qìn）：沁人心脾，不读心（xīn）。	倾（qīng）：倾向，不读顷（qǐng）。
龋（qǔ）：龋齿，不读禹（yǔ）。	觑（qù）：小觑、面面相觑，不读虚（xū）。
茸（róng）：毛茸茸，不读耳（ěr）。	冗（rǒng）：冗长，不读沉（chén），也不读拥（yōng）。
阮（Ruǎn）：姓。不读元（yuán）。	摄（shè）：摄影、摄取、摄氏，不读聂（niè）。
枢（shū）：中枢，不读区（qū）。	墅（shù）：别墅，不读野（yě），也不读署（shǔ）。
涮（shuàn）：涮羊肉，不读刷（shuā）。	吮（shǔn）：吸吮，不读允（yǔn）。
悚（sǒng）：毛骨悚然，不读束（shù）。	耸（sǒng）：耸立，不读从（cóng）或耳（ěr）。
嵩（sōng）：嵩山，不读高（gāo）。	塑（sù）：塑造、雕塑、塑料袋，不读朔（shuò）。

（续表）

獭（tǎ）：水獭，不读赖（lài）或懒（lǎn）。	恬（tián）：恬静，不读舌（shé），也不读刮（guā）或舔（tiǎn）。
迢（tiáo）：千里迢迢，不读召（zhào）。	彤（tóng）：红彤彤，不读丹（dān）。
湍（tuān）：湍急，不读喘（chuǎn）。	椭（tuǒ）：椭圆，不读随（suí）。
唾（tuò）：唾手可得，不读垂（chuí）。	侮（wǔ）：侮辱，不读悔（huǐ），也不读物（wù）。
峡（xiá）：峡谷、山峡、海峡，不读夹（jiā）。	纤（xiān）：纤维，不读千（qiān）。
涎（xián）：垂涎三尺，不读延（yán）。	骁（xiāo）：骁勇，不读尧（yáo），也不读饶（ráo）。
屑（xiè）：不屑，不读肖（xiāo）。	衅（xìn）：挑衅，不读半（bàn），也不读畔（pàn）。
酗（xù）：酗酒，不读凶（xiōng）。	绚（xuàn）：绚烂，不读旬（xún）。
揠（yà）：揠苗助长，不读堰（yàn）。	贻（yí）：贻害无穷，不读台（tái）。
诣（yì）：造诣，不读旨（zhǐ）。	屹（yì）：屹立，不读乞（qǐ）。
龈（yín）：牙龈、齿龈，不读跟（gēn）。	映（yìng）：映照、反映、放映，不读央（yāng）。
莠（yǒu）：良莠不齐，不读秀（xiù）。	愉（yú）：愉快、愉悦，不读喻（yù）。
妪（yù）：老妪，不读区（qū）。	娱（yú）：娱乐，不读吴（wú），也不读玉（yù）。
蕴（yùn）：蕴藏，不读温（wēn）。	绽（zhàn）：绽放、破绽，不读定（dìng）。
沼（zhǎo）：沼泽，不读召（zhāo）。	箴（zhēn）：箴言，不读咸（xián），也不读减（jiǎn）。
臻（zhēn）：日臻完善，不读秦（qín）。	圳（zhèn）：深圳，不读川（chuān）或者训。
帧（zhèng）：装帧，不读贞（zhēn）。	拯（zhěng）：拯救，不读丞（chéng），也不读逞（chěng）。
脂（zhī）：脂肪，不读旨（zhǐ）。	滞（zhì）：停滞，不读带（dài）。
幢（zhuàng）：一幢楼房，不读栋（dòng）。	赘（zhuì）：累赘，不读敖（áo）。
谆（zhūn）：谆谆教导，不读醇（chún），也不读敦（dūn）。	滓（zǐ）：渣滓，不读宰（zǎi）。

● 常见错误

1. 有的形声字的声旁已经不起注音的作用了，但考生还是按照声旁来读这个字，结果就读错了。比如把“泣（qì）”读成“立（lì）”，把“干涸”的“涸（hé）”读成了“固（gù）”。

2. 有的形声字的声旁仍然起注音的作用，但考生担心读错，不按声旁来读这个字，而是按照包含这个声旁的其他字来类推，因而读错。例如“缔造”的“缔”字，就应该读它的声旁“dì”，但考生却参考“蹄”字读成了“tí”；“嘈杂”的“嘈”，应该读声旁“cáo”，但考生却参考“糟”字读成了“zāo”。

3. 有的考生遇到比较难的独体字不会读，就按用这个独体字做声旁的字音来类推，因而读错。例如见了“冗”字而想到“沉”字，所以把“rǒng”读成“chén”；见了“韦”字而想到“伟”字，把“wéi”读成了“wěi”。

● 应试策略与技巧

1. 考生平时要重视扩大词汇量，尽量多地记住形声字的准确发音。

2. 在考试中一旦遇到不会读的形声字，不要停顿，也不要跳过去不读，可以尝试按照这个字的声旁来读，这样做至少可以保持语流的连贯性，同时也有读对的可能。

练习（一）

朗读第 51—54 页“说明”中列举的形声字。

考点与难点（二）读准轻重音

● 说明

朗读质量的好坏，最重要的就是体现在语音上，而要想做到语音正确、地道，就不仅要读准文章中每一个词的发音，还要注意词语和句子中轻重音的变化，这种变化包括轻声、词重音和语句重音三个方面。

一、轻声

所谓“轻声”并不是四声之外的第五种声调，而是四声的一种特殊音变，就是在一定的条件下读得又短又轻的调子。轻声的音高是不固定的，它会受到前一个字的声调的影响。一般来说，上声后面的轻声字音高比较高，阴平、阳平后面的轻声字音高偏低，去声后面的轻声字音高最低。试比较一下:（轻声字下加“ . ”，后同）

阴平字 + 轻声字：妈妈　跟头　杆子　蹲下

阳平字 + 轻声字：棉花　石头　桃子　趴下

上声字 + 轻声字：点心　里头　李子　躺下

去声字＋轻声字：地方　木头　柿子　坐下

在汉语的词汇中，一般的书面词语、科学术语、新词等很少有轻声音节，口语中的常用词读轻声音节的比较多。下面的一些成分在普通话中通常读轻声：

1. 助词："的、地、得、着、了、过"，如：

穿红衣服的　高高的　高兴地　生气地　学得好　跑得快
吃着　拿着　走了　买了　去过　学过

2. 语气词："吧、嘛、呢、啊"等，如：

你呢　铅笔呢　谁啊　没有啊　算了吧　放心吧

3. 叠音词和动词重叠形式后头的字，如：

妈妈　爸爸　哥哥　妹妹　娃娃　星星
看看　走走　试试　等等　说说　尝尝
商量商量　研究研究　打听打听　锻炼锻炼

4. 构词用的"子""头"和表示多数的"们"，如：

鸽子　桌子　包子　木头　石头　馒头
女士们　先生们　同学们　孩子们　大人们　市民们

5. 用在名词、代词后面，表示方位的语素或词有时要读轻声，如：

马路上　山上　地下　树下　村子里　车里
左边　那边　前边　外面　里面　后面

6. 用在动词、形容词后面，表示趋向的词，如：

进来　过来　起来　出去　上去　回去
走过去　跳上去　爬起来　拿起来　要回来　说出来

7. 量词"个"常常读轻声，如：

这个　哪个　六个

8. 有一些常用的双音节词，第二个音节习惯上要读轻声，如：

太阳　月亮　葡萄　萝卜　核桃　玻璃　窗户　耳朵　嘴巴
消息　先生　招呼　清楚　明白　干净　东西　风筝　扫帚
行李　力气　将就　凑合　商量　打听　马虎　云彩　蘑菇
护士　脑袋　事情　胳膊　干部　西瓜　应付　招呼　吩咐
便宜　客气　精神　亮堂　关系　丈夫　动静　钥匙　力量
厉害　本事　老实　琢磨　窝囊　大方　裁缝　小气　舒服

二、词重音

词重音是指多音节词里面的重读音节。汉语中的复合词大都有固定的重音形式。有些词不是轻声词，但构成复合词的前后两个语素在读音的轻重上还是有区别的，高水平的朗读，应该尽量把这种轻重音的变化体现出来。我们把这类词分为三类：

1. 前重后轻式，如：

飞机　课桌　汽车　新闻　外科　笔直　雪白　笔谈
长江　黄河　函授　鸟瞰　霜降　湘绣

2. 前轻后重式，如：

提高　说服　青春　未来　无限　革命　群众　军队
支出　收获　地震　水平　电视

3. 前后等重式，如：

价格　车马　人民　历史　开支　运动

三、语句重音

语句重音是指在语句里念得比较重，听起来特别清晰完足的音。读出重音，对表达文章的思想内容、抒发感情都有重要的作用。

重音的特点主要是表现在增加强度和延续时间上，可以分为两种：一种是根据语法结构的特点而重读的，叫语法重音；另一种是为了突出句中的主要内容或强调说话人的某种特殊感情而重读的，叫逻辑重音，也叫强调重音。

1. **语法重音**：根据句子的语法关系在某些词语上读出的重音就是语法重音。语法重音是有规律的，句子中需要重读的语法成分主要有这样几类（重读成分加“__”，后同）：

A. 一般短句中的谓语动词常要重读，如：

春天到了！
老师已经告诉我们了。
你看了没有？

B. 定语、状语、补语常常比中心词读得稍重一些，如：

这是一本非常有意思的书。
他是一个幽默的人。
你好好儿看看。
她认真地做了起来。
衣服洗得真干净。
你的字写得太棒了。

那个地方的风景美极了。

C. 表示疑问和指示的代词常读重音，如：

他什么活动都没有参加。

你为什么这么说呢？

这个人是我的朋友。

那个东西我从来没有见过。

D. 有宾语的句子，宾语重读；带两个宾语的句子，后一个宾语重读，如：

她在听音乐。

他说了一句话。

老师教我们说汉语。

我给了他一本书。

应该注意的是，宾语是人称代词时，宾语不重读，它前面的动词重读，如：

老师很关心我们。

我非常感谢你。

E. 列举事物时并列的词语要稍重一些，如：

正像黄瓜、大豆和豌豆一样，西红柿是一种蔓生的果实。

山川、河流、树木、房屋，全都罩上了一层厚厚的雪。

F. 人名、地名的最后一个字要读得稍重一些，如：

巴金　　鲁迅　　华盛顿　　上海　　鼓浪屿　　剑桥

2. **强调重音**：根据文章的意思，句子中一些需要突出和强调的词语常常要重读。强调重音没有固定的位置，要根据话语的具体内容和说话人的心理、感情来确定。强调重音的位置不同，话语的侧重点和感情色彩等也随之不同。比如：

我知道你会说英语。（别人不知道你会说英语。）

我知道你会说英语。（你不要瞒着我了。）

我知道你会说英语。（别人会不会说我不知道。）

我知道你会说英语。（你怎么说不会呢？）

我知道你会说英语。（会不会说法语我不知道。）

既然强调重音没有固定的位置，哪一个词语都可能成为强调重音，那么考生在朗读时应该如何掌握呢？关键就在于正确理解文章的思想内容。例如，在下面这段话中，强调重音应该放在画线的位置：

同样是观察虫子，两个人所处的角度不同，他们的感觉和判断就不可能一致，他们获得的启示也就有差异。

在朗读这段话时，只有把标出的强调重音读出来，才能体现出句子的意思。如果机械地按照语法重音的规律把定语读成重音，就不容易帮助听的人准确理解所读内容的意思。可见，前面讲的语法重音是就一般情况而言的，在一定的语言环境里，语法重音要服从强调重音。

• 常见错误

1. 应该读轻声的地方没有读出来。比如在样题中，应该读作轻声的词有"态度、地位、联系、苦着脸、镜子、关系、朋友"等，有的考生对轻声词掌握得不够熟练，考试时来不及作出及时的判断，把应该读轻声的地方按照一般的发音读了出来。有些词不读轻声，不仅显得普通话不标准，而且会影响整个语调。

2. 朗读时没有注意表现出语句重音，这样的朗读，不能得到高分。就拿样题来看，可以说每一个句子都有它的语法重音或强调重音，我们用几句话来作为例子，用下画线来表示句中应该读重音的地方：

<u>微笑</u>是对生活的一种<u>态度</u>，跟贫富、地位、处境没有<u>必然</u>的联系。一个富翁可能<u>整天</u>烦恼忧愁，而一个穷人<u>却</u>可能心情舒畅。只有心里有<u>阳光</u>的人，才能<u>感受到</u>现实的阳光，<u>如果</u>连自己都苦着脸，那生活<u>如何</u>美好？生活始终是一面<u>镜子</u>，当我们<u>哭泣</u>时，<u>生活</u>也在哭泣；当我们<u>微笑</u>时，生活也在微笑。微笑是对他人的<u>尊重</u>，<u>同时</u>也是对生活的<u>尊重</u>。

如果考生没有注意把这些应该重读和强调的地方表现出来，这就至少会产生两个问题：

第一，语调平平，没有抑扬顿挫，听起来不好听，像有口无心的小和尚在念经。

第二，朗读缺少感情色彩，也就是缺乏感染力，同时，也只能说你对文章内容的理解和感受也非常一般。

• 应试策略与技巧

1. 尽量多记一些常用的轻声词。考生应该熟悉和了解前面所讲的轻声词组成的规律，最好能记住一些常用的轻声词，这样就能大大降低读错的几率。

2. 在实际考试中，可以采用"模棱两可"的方法。对一些实在拿不准的词，既不要读得太重，也不要读得太轻，使读音介于"重音"和"轻声"之间，这样可以避免出现让人觉得完全读错误的情况。

3. "扫读"全文。在准备时间内一目十行地迅速浏览全文，基本了解文章的中心内容和作者的感情倾向，这有助于你在朗读时自然地找到语句重音。

4. 在理解全文内容的基础上，有感情地朗读，把文章中作者的喜怒哀乐准确地表现出来。这样，即使找不到语句重音，也可以在很大程度上避免语调平平的毛病。

练习（二）

朗读第 55—58 页“说明”中列举的例子，仔细体会轻重音的不同。

考点与难点（三） 使用正确的语调

● 说明

说话或朗读时，既要注意每个词语的发音，更要注意让句子有停顿，声音有轻重、快慢和高低的变化，这些就总称为语调。简单地说，语调就是说话的腔调。朗读时要求语调正确，这就要求考生要能够正确处理停顿、语速、重音、句调等各方面的情况。关于重音，前面已经详细说过了，这里再来说一说停顿、语速和句调的问题。

一、停顿

在说话或者朗读的时候，常常需要在句子的前后或中间做大大小小的停顿。这一方面是出于调节呼吸的需要，另一方面，是为了让说话或朗读的语调更加优美动听，富有吸引力、感染力和说服力；另外，也是更为重要的一点，就是为了更好地表达文章的内容和感情，同时，也可以让听的人有时间来充分领会朗读的内容。有些句子，停顿的地方不同，句子的意思也不同。举个例子来看一下：

我看见他，笑了。（我笑了）

我看见他笑了。（他笑了）

儿子死了母亲，真可怜。（儿子可怜）

儿子死了，母亲真可怜。（母亲可怜）

句中的标点符号表示停顿。从这个例子我们可以看到，朗读一个句子时，在什么地方换气停顿，对于能否准确地表达文章的内容是非常重要的。

朗读时的停顿有以下三种情况：

（一）根据标点符号进行停顿

我们平时进行语言表达的时候，在句与句之间或句子中间都会有长短不同的停顿。在使用书面语的时候，这种停顿是用标点符号来表示的，那么我们在朗读的时候，就可以按照标点符号来停顿。关于停顿时间的长短，有以下几点要注意：

1. 一般是顿号最短，逗号稍长一点，分号比逗号再长一点。

2. 句子中的省略号和破折号也需要有一定的停顿。

3. 位于句末的标点符号，包括句号、问号、感叹号，表示的停顿要比分号长一些，章节、段落之间的停顿还要更长一点。

4. 冒号是一种运用比较灵活的符号，它所表示的停顿一般比分号长，比句号短。

一般地说，考生只要按照标点符号来采取不同的停顿，就能够使朗读听起来抑扬顿挫，富有节奏感，语意也会显得层次分明。

（二）一些相对比较长的句子，中间没有标点符号，一口气读下来有些费劲，而且也不好听，那么一般可以按照语法成分做短暂的停顿。具体来说：

1. 主语部分或谓语部分比较长的时候，可以在主语或谓语之间停顿。如：

明天要带孩子去石景山游乐园玩儿的人 / 请在上午九点到这里集合。

山田小姐 / 今天下午要去王府井百货大楼买新上市的春装。

2. 宾语部分比较长的时候，可以在宾语前稍做停顿。如：

他非常希望 / 能在北京大学这所中国著名的大学里攻读硕士学位。

我认为 / 保护环境应该由每个人从一点一滴做起。

3. 定语部分比较长的时候，可以在离中心语远的那个定语后面稍做停顿。如：

我要买最近刚刚出版的 / 反映中西方文化冲突的那本热门小说。

这是一位从北京师范大学中文系毕业的 / 非常有经验的老师。

4. 状语部分比较长的时候，可以在状语后面稍做停顿。如：

在老师和同学们的热情帮助下 / 他进步很快。

就像我上班迟到就要扣我的奖金一样 / 是一种惩罚的手段。

5. 补语部分比较长的时候，可以在补语的前面稍做停顿。如：

他说汉语说得 / 像一个能说普通话的中国人一样好。

他走起路来 / 就像一只胖胖的企鹅一样摇摇摆摆。

（三）有时为了突出某一个事物，强调某一个观点，表达某一种感情，而在句中没有标点符号的地方作适当的停顿。这种停顿叫做逻辑停顿。逻辑停顿在句子中没有固定的位置，要根据朗读的内容、朗读人的感情来确定。

比如下面这一段：

北京 / 是世界著名的历史文化名城。3000 年的建城史，近千年的帝都，给这里留下了数以百计的/具有极大历史、文化、艺术价值的文物古迹。有学者把北京称为“人类最伟大的个体工程”/ 并非过誉，因为北京城本身 / 就是一个伟大而丰富的历史博物馆：巍峨盘旋于群山之间的古长城；雄伟壮丽的故宫；庄严肃穆的天坛；风景如画的皇家园林颐和园、圆明园和北海；超凡脱俗的宗教建筑，无一不让人深深领略到 / 古老东方文化的魅力。

画“/”的地方，都是应该进行短暂的逻辑停顿的地方。通过这样的停顿，可以强化语气，更好地表达出文章的内涵和感情色彩，语调听起来也有了抑扬顿挫和节奏感。

二、语速

说话、朗读时吐字快慢的不同，叫做“语速”。

语速在说话和朗读中对于表达不同的情感起着重要的作用。朗读不同内容的文章，应该采用不同的语速。如果没有语速或语速变化不当，就会影响内容的表达和感情的抒发。

1. 朗读抒情性的部分。

一般在激动、欢快的时候，语速会相对快一些；而在痛苦、悲伤、情绪低沉的时候，语速往往会慢一些。在具体操作中，对于抒情散文，朗读时语速不宜过快；而对于慷慨激昂的文章、激情奔放的诗歌，语速则不宜过慢。同时，在同一篇文章或诗歌的朗读中，语速的处理应该随着作品中情感的变化而有所变化，这样，才能表达出一定的起伏，不至于使朗读过于平淡。

2. 朗读陈述性的部分。

有的文章中，包含有议论、说明一类的文字。在朗读这样的文字时，语速应该不紧不慢，平缓有致；而朗读带有故事情节的记人叙事的部分时，语速也应该随着情节内容的变化而加以变化，这样可以使朗读带有感情色彩，从而更具有感染力。

三、句调

句调是指整个句子的音高的高、低、升、降的变化。

句调的变化在表达口语的语气时非常重要。汉语中常见的句调有四种：

1. 升调

句子的调子由平升高，常用来表示反问、疑问、惊异、号召、鼓动、呼唤等语气。例如：

你不是挺聪明的吗？怎么这么简单的问题都不明白呢？

哎呀，厨房里进蚂蚁啦！

这是什么呀？

2. 降调

句子的调子先平后降，常用来表示肯定、坚信、感叹、祝愿或请求等语气。例如：

你穿黑色的衣服一定会很好看的。

今天的天空真蓝哪！

你过来！

3. 平调

句子的调子始终保持同样的高低。常用来表示庄重、严肃、冷淡或叙述等语气。例如：

世界和平需要大家一起来维护。

你想怎么办，就怎么办吧。

那是一个秋天的早晨，天还没有亮。

4. 曲折调

句子的调子升高后降低，或者降低后再升高，整个句调高低起伏，变化较多，通常形成“低—高—低”的调式，或者也可以只体现在句子中的一两个音节上，将这一两个音节拖长声音，加以变化。常用来表示讽刺、怀疑、诙谐、愤怒、踌躇、含蓄、双关、言外之意等语气。例如：

哎呀呀，你可真是个好人啊！

谁不知道你是天下第一美男子啊！

都什么时候了，你怎么还在这儿！

常见错误

1. 在有标点符号，应该停顿的地方不做停顿，而是继续一口气念下去，听起来既没有节奏感，也影响了文章意思的表达，说明考生不能很快地、清楚地理解文章的内容。

2. 停顿的时间掌握得不好。有的考生不了解标点符号与停顿时间之间的关系，在应该停留时间很短的地方却停得很长，而在应该停留得长一点儿的地方，却又接得特别紧，这也很不利于清晰、准确地传达出文章的本意。

3. 读破句子。有的考生由于不能很快理解文章的内容，或者由于词汇量不够，遇到了生词的干扰，或者是由于不具备基本的朗读技巧和精神过于紧张，常常在没有标点符号的地方停下来调整呼吸或作短暂的思考，甚至在一个完整的词语中间停顿，这就造成了读破句子，或者读破词语的现象，这是朗读的大忌，会在很大程度上影响考生的口语成绩，所以是一定要加以避免的。

4. 没有注意掌握好语速。前面已经讲到，朗读不同内容、不同文体的文章，应该注意运用不同的语速，这样才能更好地传达出文章所表达的意思和感情。但有的考生在应该用稍快语速时却读得很慢，而在需要用稍慢的语速时又读得很快，或者是语速不匀，没有理由地忽快忽慢，影响了朗读的效果。

5. 语调平平，缺乏升降变化，语气不能很好地符合文章句式的要求。

应试策略与技巧

1. 按照标点符号来进行停顿。在有标点符号的地方一定要停顿，该长的长，该短的短；在没有标点符号的地方，如果没有十分的把握，就不要停顿。

2. 在一个完整词语的中间一定不要停顿。

3. 事先找好对速度的感觉。考试时很容易紧张，一紧张就不容易把握好朗读的速度，造成速度过快或过慢，还会有忽快忽慢的情况。为了避免这种情况，在考试之前，应该用模拟试题上的朗读题目，或自己找一段字数差不多的文字，试着边朗读边录音。读完多听一听，找到用符合要求的速度朗读时的感觉，并且要试着习惯和掌握这种感觉，这样，到了考试的时候对朗读的速度就有把握多了。

练习（三）

朗读下面这篇文章，分析一下什么地方应该做逻辑停顿，什么地方应该读出快慢的变化，哪个句子应该用升调或降调。（示范录音 03-3-1）

“含霜饮露香独透，傲骨更惹群芳羡”。早晨，雪白的霜像一层薄薄的棉被盖在小草的身上，怕小草冻到了，慢慢地萎去。小草无力抗争一年一度的轮回，还是按自然法则进行自己的故事。空中的水气想通过自身，变成露珠、霜、雪，极度想成为小草的养分，举全力挽留小草的绿，延其绿的生命。可徒劳无益，好意不能留住草的年华。小草只有将绿藏进自己的根，把生命的气息蕴在地里，待来年再生华发，述说自己对世间的爱意。

“妈，我想睡一下。”元旦那天，干了一上午的体力活，中饭过后，体内的午睡生物钟敲响了。

67 岁的母亲便稳稳地蹒跚着脚步，走到已陪伴她几十年的床前，用力地铺好垫被和被褥。

“铺好了床，睡吧，牛哎！”妈妈说道。床上是缝缝补补了好几道的被套，垫的也是跟随母亲几十年的破旧床单。虽然都是旧得无法言语，可母亲还舍不得丢掉，好像有种特别的感情在物的身上。

床还是妈妈嫁给父亲时的床，是用本地松木打的，为榫接合床，床的样式十分老气，床沿有一寸半厚，床板也是本地松木。虽然父亲已逝 12 年了，可母亲还在睡这张老得不能再老的简得的不可言语的床。

我不知道这张床对母亲的含义有多深，更无法体味母亲对父亲的眷恋之情，但自己小儿时在父母之间的恋睡之景已浮在记忆的海中，在心灵的深处闪现父母爱的光芒！

床虽陋虽简虽旧，却跟随了母亲一生。

有好多年没有睡妈妈的床了。看见此景，40 岁的我不由得像襁褓之中的婴儿，躺在床中，在被中闻着母亲的体味，静静地听着母亲的心音，静静地睡着。仿佛母亲还在搂着，拍着我，哄着我，微笑地看着这个已长大的孩子入睡。盖在我身上的旧被褥还是暖暖地，没有担心，没有嫌意，让我稳稳地睡着。

妈妈不会矫揉造作，更不会写字绘声，只是多了些唠叨。可朴素的言语透着无尽的爱意。也许是老了的缘故，我一回家，妈妈就会在我耳根不停地言语，用行动和语言述说自己对子女的担心，表达心中那份温暖和幸福。话语中没有花的芳香，却有回味不尽的甜蜜，虽每次都有好多重复的话，每一句话里却都透着母亲一生对子女的责任，对子女的关爱。

岁月的纹路已在母亲的脸上刻下了深深印迹，让母亲一年一年地老去。母亲不懂得怎样用华丽的言语去表达自己的情感，只是尽力地尽自己的能力来帮她的子女做事。把对自己儿女的关爱化在日常行为当中，让它自由地流淌，流进儿女的心田。无需儿女说好会意，只求自己完成自己的心愿而已。

愿母亲长寿，对儿女的爱永存！

考点与难点（四）　读准“一”和“不”的变调

说明

在汉语的口语表达中，“一”和“不”在与其他音节连读时，会发生一种有规律的变调现象，这也是考生需要加以注意的。

先说说“一”的变调。

“一”的本调是阴平（一声），它在单独使用、用在词句末尾或作为序数“第一”的省略时，还是保持本调，仍读一声。例如：一、二十一、第一、初一、一班（第一班）。

在下面的几种情况下，“一”会发生变调现象：

1. 在去声（四声）字前念成阳平（二声）。例如：一样、一下子、一座、一位、一次、一块儿。

2. 在阴平（一声）、阳平（二声）、上声（三声）字前念成去声（四声）。例如：大吃一惊、一般、一年、一门课、一口、一起、一种。

3. 夹在重叠动词中间时念轻声。例如：试一试、想一想、看一看、尝一尝。

4. 用在动词、形容词与量词中间时，一般也读轻声。例如：去一趟、认识一下、好一点儿、贵一些、多一点儿。

再说说“不”的变调。

“不”的本调是去声（四声），单独使用、用在词句末尾或用在非去声字前时，仍读去声。例如：不！我不！不高、不知道、不同、不习惯、不瞒你说、不少、不好、不买、不满意、不了解、不清楚、不麻烦、不可能。

“不”发生变调现象有以下几种情况：

1. 在去声（四声）字前“不”念成阳平（二声）。例如：不要、不错、不是、不在、不认识、不差、不去、不问。

2. “不”用在动补结构的词语中间，或相同词语中间时，念轻声。例如：起不来、说不定、用不着、睡不着、差不多、等不及、搞不懂、能不能、会不会、贵不贵、来不来、认识不认识、麻烦不麻烦。

● 常见错误

1. 不了解关于“一”和“不”变调的基本规律和知识，以为在任何情况下都是读一个调。

2. 在“一”和“不”变调时，考生读不准，出现发音错误。

● 应试策略与技巧

1. 考生要通过以上讲解好好了解关于“一”和“不”变调的基本知识，在脑子里建立“一”和“不”在口语中会出现变调的清晰概念。

2. 在口试的过程中，根本来不及思考变不变调的问题。所以，对这个方面掌握得还不太熟练的考生，平时要多加练习，培养语感，养成正确的发音习惯。这样到了考试中，脱口而出的自然就会是正确的发音。

练习（四）

在前面的讲解中，列举了“一”变调的四种情况和“不”变调的两种情况，并举了一些例子。多朗读几遍例子，好好体会一下，同时，再多举出一些这样的例子来。

课后练习

一、比较下面各组汉字，给它们加上拼音，并分别组词。

奏（zòu）节奏	棒（　　）______	骤（　　）______	扬（　　）______
秦（　　）______	捧（　　）______	聚（　　）______	场（　　）______
旋（　　）______	漆（　　）______	泼（　　）______	治（　　）______
旅（　　）______	膝（　　）______	拔（　　）______	冶（　　）______
奖（　　）______	盲（　　）______	刮（　　）______	乞（　　）______
浆（　　）______	育（　　）______	乱（　　）______	气（　　）______

魁（　　）______	魂（　　）______	磨（　　）______	权（　　）______
魅（　　）______	魄（　　）______	摩（　　）______	杈（　　）______
魔（　　）______	鬼（　　）______	靡（　　）______	枚（　　）______
拣（　　）______	经（　　）______	塞（　　）______	浸（　　）______
练（　　）______	迳（　　）______	赛（　　）______	侵（　　）______
炼（　　）______	径（　　）______	寨（　　）______	寝（　　）______
婪（　　）______	恳（　　）______	诱（　　）______	寺（　　）______
梦（　　）______	垦（　　）______	透（　　）______	持（　　）______
焚（　　）______	良（　　）______	锈（　　）______	侍（　　）______
衷（　　）______	播（　　）______	哗（　　）______	脾（　　）______
哀（　　）______	插（　　）______	晔（　　）______	牌（　　）______
衰（　　）______	潘（　　）______	桦（　　）______	碑（　　）______
宗（　　）______	末（　　）______	隐（　　）______	幻（　　）______
宋（　　）______	未（　　）______	稳（　　）______	幼（　　）______
孤（　　）______	掏（　　）______	缕（　　）______	拢（　　）______
弧（　　）______	淘（　　）______	楼（　　）______	胧（　　）______
狐（　　）______	陶（　　）______	搂（　　）______	珑（　　）______
冠（　　）______	虑（　　）______	曝（　　）______	亨（　　）______
寇（　　）______	虚（　　）______	瀑（　　）______	享（　　）______
躺（　　）______	淌（　　）______	忠（　　）______	饶（　　）______
趟（　　）______	倘（　　）______	患（　　）______	绕（　　）______
跪（　　）______	缴（　　）______	肄（　　）______	掠（　　）______
脆（　　）______	邀（　　）______	肆（　　）______	谅（　　）______
慈（　　）______	若（　　）______	揭（　　）______	竭（　　）______
滋（　　）______	苦（　　）______	喝（　　）______	褐（　　）______

蓄（　　）____	甲（　　）____	卷（　　）____	湛（　　）____
畜（　　）____	申（　　）____	券（　　）____	堪（　　）____
桂（　　）____	睛（　　）____	品（　　）____	肃（　　）____
挂（　　）____	晴（　　）____	晶（　　）____	萧（　　）____

二、朗读下面的短文，每段大约准备 3 分钟，朗读用 2 分钟。（示范录音 03-3-2）

（一）

中国人对生活的态度十分有趣。比如闹水的龙和吃人的虎，都很凶恶，但在中国的民间，龙的形象并不可怕，反而要去耍龙灯，人龙一团，喜庆热闹；老虎的形象也不残暴，反被描绘得雄壮威武、憨态可爱，虎鞋虎帽还跑到孩子身上去了。通过这种理想方式，生活变得可亲可爱。同样，虽然生活的愿望难以成真，但中国人并不停留在苦苦期待上，而是把理想、愿望与现实生活拉在一起，用文化加以创造，将美丽而空空的向往，与实实在在的生活神奇地合为一体。一下子，生活就变得异样地亲近和充满生气了。这也是我们过年时对生活的一种十分特别而又美好的感觉。

（二）

明代是中国历史上家具发展的一个高峰。明式家具总结和吸收了以前各个时期家具制造的经验，发展了制作技术，具有简洁、实用、典雅的特点。

明代家具制作复杂，不要求做得快，但一定要做得仔细。一般的木工做一套家具，时间少的要3—5 年，长的要 8—10 年。明代家具的设计也很有科学性，家具的各部分都是用精密的榫（sǔn）头来连接的，完全不用钉子或胶水，连接得十分牢固。明代家具大多数是涂生漆，这样能够充分显示木材本来具有的美丽、自然的颜色。明代家具在结构上跟中国的房屋建筑相似，例如，桌椅的脚就像是房屋的柱子。因此，明代的家具和房屋配合得很好。明代家具的造型也很讲究，家具的形状给人一种轻松优美的感觉，用起来又很舒服，而且非常结实。

明式家具确实是最有代表性的中国家具。

（三）

波音公司于 1930 年 5 月 15 日开始雇佣 8 名护士随机服务，开“空中小姐”的先例。这一措施开始是由波音公司的一名职员向主管提出的书面建议：“试想班机服务人员加入年轻女性，在心理方面收获一定很大。本人并非建议雇佣奇装异服的轻浮少女，而认为一般护士学校毕业的少女，具有相当常识者较为适宜。”结果，公司接受了他的建议。

波音公司当时选用空中女服务员的条件是：年龄在 25 岁以下，体重在 50 公斤以上，身高一米七以下，每月飞行 100 个小时，月薪 125 美元。雇佣时规定她们的服务项目为：起飞前打扫机舱、擦地板、整理座位，检查座位是否与地板锁紧；飞行中警告乘客不要将烟头丢出窗外，注意乘客起身去洗手间时不要错开了飞机门。

（四）

三个人同去攀登高山，第一个人刚开始攀登几步，感到山陡难登，就退下来了，他说："我是知难而退。"

第二个人攀登到半山，气喘吁吁，望着上面险恶高峻的山势，摇摇头说："还是适可而止吧。"也退了下来。

只有第三个人，在攀登途中，知难而进，披荆斩棘，勇往直前，几次跌倒，都爬起来再上，无所畏惧，毫不气馁，最后终于登上了峰顶。

过了几天，这三个人又碰面了。第一个人说："登上峰顶，也不过那么回事，还是我知难而退好，省了许多力气。"第二个人说："是呀！所以我适可而止，中途退下，还是明智的。"那个登上峰顶的人笑了笑，说道："不过，顶峰上的无限风光你们是无法看到的。"

（五）

水果富含多种营养成分，而脂肪和淀粉的含量相对较低，一直被誉为健康养颜佳品。现在，不少都市女性索性以水果为正餐，以达到清洁肠胃外加美容减肥的效果。

多吃水果没有什么不好，但是营养学专家提醒人们，想靠吃水果达到减肥的目的是不科学的。因为水果中的主要营养成分是碳水化合物和一些维生素，而人体的正常运转还需要蛋白质等其他物质。平时多吃水果对保持无机盐确有益处，但水果中缺乏铁、钙等成分，所以长期以水果作正餐势必会造成体内这些物质的缺乏，引起贫血，时间久了可能还会引起其他疾病。营养学家告诫爱美的女士，只吃水果达不到减肥的目的，而应该通过限制饮食中的脂肪类、肉类的摄入控制体重的增长。与此同时，应该多吃些谷类、牛奶、鱼类，这样才能确保人体所需的营养物质。

（六）

几日来，是蒙蒙细雨，密密地织着江南的春了。

推开窗儿，大堤对面的湖里，满是淡淡的黑雾，看不见往日温柔清澈的微波。湖的那岸，是隐隐约约的树和房子，全都藏在细雨里，看不真切。窗前，檐雨不时滴下来，东一滴西一滴，很轻很轻，仿佛是姑娘羞怯时多情的泪珠了！窗台上的那盆水仙，湿湿的，润润的，绿得青翠。我双手撑着书案，漫无目的地望着满天的细雨，似乎在想，又似乎什么都忘了。

窗前的大堤湿漉漉的，远处的树、远处的农家湿漉漉的。江南呵！在细细的春雨里，轻轻地、轻轻地湿了。甚至江南的人，江南的风俗，甚至窗前的那盆水仙，连我铺在书桌上准备写江南雨的稿子，连我童年的记忆都湿了！

（七）

在实际生活中，普遍存在着一个令人困惑不解的现象：不少“神童”往往在少年时很“神”，其掌握的知识远远超过了同龄孩子；但是成年后却趋于平常。这是怎么回事呢？

对大脑的科学研究发现，人脑的左右两半球在功能上是高度专门化的，左脑擅长语言和逻辑思维，右脑擅长形象思维。左右脑在创造性活动中起着不同的作用：右脑靠无意识的直觉产生顿悟，左脑则对其进行理性的验证。

目前的教育偏重于逻辑和语言的训练，比较重视发挥左脑的作用，却忽视了对右脑灵活性思维的培养和开发。许多所谓“神童”的“神”只是表现在学习知识、积累知识方面，即左脑的功能上。过早、过多地进行学龄前教育，人为地剥夺了孩子自然成长的机会，在大多数情况下是弊多利少的。

第4课 第二部分 朗读 2

考点与难点（五） 读准、读好语气词

• 说明

汉语中的语气词并不太多，要认识它们比较容易，但要读得好就不那么容易了。考生在朗读时，还需要读准、读好符合文章内容和句式特点的语气词。

在汉语中，表达不同的语气主要是通过语调的变化来完成的，另外，运用合适的语气词也可以达到表达语气的目的，所以语气词的运用是很常见的。考生在朗读时，一定要注意读准语气词。

语气词是能放在句尾或句中停顿处表示各种不同语气的词。根据所表示的语气的不同，语气词可以分为以下四种：

A. 表示陈述语气的：的、了、吧、呢、着呢、嘛、呗、罢了、而已、也罢、也好、啦、嘞、喽、啊

B. 表示疑问语气的：吗、么、吧、呢、啊

C. 表示祈使语气的：吧、呢、了、啊

D. 表示感叹语气的：啊

最基本的语气词实际上只有六个，即：的、了、吗、呢、吧、啊。其他的语气词有的是因连读合音而引起变化的结果，有的则是北京话里的语气词。

语调的变化，语气词的运用，所表达的都是句子的语气的变化。从文章的角度来看，语气的变化要根据不同的文章内容而变化，可以严肃，可以轻松，可以幽默，也可以悲伤。一般说来，口语风格的文章应该用轻松活泼的语气来读，书面语的文章则要用严肃、庄重的语气来读，抒发感情的诗歌、散文要读得声情并茂，而一般介绍性的文章则应该读得平和亲切，从容有致。

• 常见错误

1. 读错语气词。考生没有掌握某些语气词的正确发音，读起来发音错误或不准，影响了朗读的质量。

2. 发音生硬，不够自然；或者与前面的朗读内容割裂，不符合文章所表达的思想感情，使朗读缺乏连贯性。

应试策略与技巧

1. 考生要多掌握一些语气词，并注意区分各个语气词在发音上的差别。

2. 朗读时，在语气词的前面一定不要有任何停顿，要连贯地、自然地读出语气词，这样可以保持语音上和意义上的连贯性。

3. 读语气词时，要与文章或句子的内容联系起来，体现出文章的总体风格，符合文章的文体和所体现的感情色彩。

练习（一）

朗读下面的句子，体会语气词的发音和所表达的情感。（示范录音 03-4-1）

1. 多么晴朗的天空啊！
2. 真是树林子大了什么鸟都有啊！
3. 那你为什么不离开呢？
4. 啊！你们看，这儿还有很多漂亮的花呢！
5. 既然累了就别写了呗，先休息吧。
6. 还能有什么呀？不外乎吃饭、看电影、逛街呗。
7. 那姑娘长得漂亮着呢！
8. 这孩子的画儿画得好着呢！
9. 咱们说点儿有意思的事儿吧。
10. 我们陪你去医院吧？
11. 还等什么，心动不如行动啦！
12. 哎呀，对不起，我忘了带钱包了！
13. 你没有听到我刚才说的是什么吗？
14. 好嘞！就照你说的这么办吧！
15. 你怎么这么慢呀？时间都来不及啦！
16. 这么说，你的这个新朋友很酷喽？

考点与难点（六） 读准多音字

说明

在汉语中有不少多音字，在朗读的时候，如果不加注意，常常容易读错，这也是考生应该特别小心的。

汉语中的多音字主要有两种，一是多音多义字，二是多音同义字。

所谓多音多义字，就是这些字的字音不同，字义也不同，这样的字容易在口头上被错读成同一个音。下面列举一些常用的、容易读错的多音多义字：

字	读音	举例	读音	举例
拗	ào	拗口	niù	执拗、脾气拗
柏	bǎi	松柏、柏树	bó	柏林
磅	bàng	1 磅、磅秤	páng	磅礴
堡	bǎo	碉堡、堡垒	bǔ	堡子、吴堡（地名）
	pù	十里堡		
背	bēi	背包、背包袱	bèi	后背、背景、背诵
奔	bēn	奔驰、奔跑	bèn	投奔、奔命
辟	bì	复辟	pì	开辟、辟谣、精辟
便	biàn	方便、便利、顺便	pián	便宜
泊	bó	停泊、淡泊	pō	湖泊、血泊
薄	bó	单薄、浅薄、日薄西山	bò	薄荷
	báo	薄片、薄纸		
藏	cáng	收藏、躲藏、储藏室、藏而不露	zàng	西藏、藏蓝、宝藏
查	chá	检查、查账、查字典、调查	zhā	人的姓
差	chā	差错、差别	chà	差不多、听差了
	chāi	出差		
长	cháng	长短、长度	zhǎng	生长、成长
场	cháng	场院、一场雨	chǎng	操场、市场、广场
朝	cháo	坐南朝北、朝代、朝鲜族、朝阳区	zhāo	朝阳、朝思暮想
称	chēng	自称、名称、称赞、称重量	chèn	对称、相称
澄	chéng	清澄、澄清	dèng	澄清、澄一澄
臭	chòu	臭气、香臭、臭名昭著	xiù	无色无臭
处	chǔ	处理、相处	chù	去处、好处、办事处
揣	chuāi	揣在怀里、揣进兜里	chuǎi	揣度、揣测
传	chuán	宣传、传单	zhuàn	传记、自传

（续表）

字	读音	举例	读音	举例
创	chuāng	创伤、重创	chuàng	创造、创作
打	dá	一打铅笔、一打袜子	dǎ	打击、打电话
大	dà	大小、大众	dài	大夫、山大王
单	dān	单独、单位、成绩单	shàn	人的姓
担	dān	负担、担负、承担	dàn	担子、挑担
弹	dàn	炮弹、子弹	tán	弹簧、弹性、弹琴
当	dāng	当家、相当、当老师	dàng	恰当、适当
倒	dǎo	倒霉、倒塌、倒班、颠倒	dào	倒退、倒水
得	dé	得到、得当	děi	你得好好学习、我得走了
	de	跑得快		
的	de	你的、我的	dí	的确
	dì	目的、有的放矢		
地	de	高兴地笑了、热情地欢迎我们	dì	地势、地理、地方
调	diào	调查、音调、调度	tiáo	调和、调皮、协调
都	dōu	都是、都去	dū	首都、都市
斗	dǒu	漏斗、熨斗、北斗星	dòu	斗争、战斗
度	dù	温度、高度、适度	duó	揣度、忖度
恶	è	罪恶、恶劣、恶霸	ě	恶心
	wù	可恶、厌恶		
发	fā	发射、发觉、发明	fà	理发、怒发冲冠、千钧一发
分	fēn	分开、分析、分寸	fèn	部分、充分、过分
佛	fó	佛教、佛经	fú	仿佛
干	gān	干燥、干净	gàn	树干、骨干、干活儿
更	gēng	更换、更正、自力更生	gèng	更加、更好
勾	gōu	勾销、勾结	gòu	勾当
冠	guān	衣冠、鸡冠	guàn	冠军
汗	hán	可汗、成吉思汗	hàn	汗毛、出汗、汗流浃背
好	hǎo	好人、很好	hào	爱好、好恶

（续表）

字	读音	举例	读音	举例
喝	hē	喝水、喝酒	hè	喝彩、大喝一声
和	hé	和平、和睦	hè	附和、唱和
	huó	和面、和泥		
荷	hé	荷花、荷叶	hè	负荷、电荷、荷枪实弹
横	héng	横竖、人行横道	hèng	蛮横、横财
哄	hōng	哄动、哄堂	hǒng	哄骗
	hòng	起哄		
华	huá	中华、华丽、精华	huà	华山
还	huán	还原、还手、还钱	hái	还是、还有
几	jī	几乎、茶几	jǐ	几何、几天、几个
假	jiǎ	虚假、假装	jià	放假、假期
间	jiān	时间、房间	jiàn	间隔、间断、间谍
降	jiàng	下降、降落、降低	xiáng	投降、降伏
教	jiāo	教书、教汉语	jiào	教学、教育
结	jiē	结实、开花结果	jié	团结、结构、结合
解	jiě	解放、解决、解开	jiè	押解、起解
劲	jìn	有劲、干劲、起劲、劲头	jìng	劲旅、刚劲
禁	jīn	禁受、禁不起、禁不住	jìn	禁止、禁忌、紫禁城
卷	juǎn	卷报纸、行李卷儿、春卷	juàn	画卷、试卷、第一卷
卡	kǎ	卡车、卡片、打卡	qiǎ	关卡、卡子
看	kān	看守、看护、看门	kàn	看书、看电影
壳	ké	贝壳、脑壳、蛋壳	qiào	地壳、甲壳
吭	háng	引吭高歌	kēng	不吭声、一声不吭
空	kōng	天空、空气、空前	kòng	空白、空隙、有空儿
乐	lè	快乐、乐趣、乐于、取乐、乐而忘返	yuè	音乐、乐曲、奏乐
勒	lē	勒令、勒索、悬崖勒马	lēi	勒紧绳子、勒住
俩	liǎ	咱们俩、哥俩	liǎng	伎俩
了	le	吃了、玩儿了	liǎo	了解、了结、了不起、直截了当

（续表）

字	读音	举例	读音	举例
率	lǜ	效率、利率、出勤率	shuài	率领、坦率、表率
落	luò	落实、落成、部落	lào	落枕
	là	落下、落东西、丢三落四		
没	méi	没有、没去	mò	没落、埋没、没收
模	mó	模范、模特、模型、模仿	mú	模样、模子
难	nán	困难、难题、难过	nàn	灾难、遇难、责难
宁	níng	安宁、宁静	nìng	宁可、宁愿
屏	píng	屏风、屏障	bǐng	屏弃、屏息
仆	pū	前仆后继	pú	仆人、女仆
朴	pǔ	朴素、朴实、淳朴	piáo	人的姓
奇	qí	奇怪、希奇	jī	奇数
强	qiáng	坚强、强调、强壮	jiàng	倔强、脾气强
	qiǎng	强词夺理、勉强		
曲	qū	弯曲、曲折、曲线	qǔ	歌曲、戏曲
圈	quān	圆圈、跑一圈	juàn	猪圈、羊圈
任	rén	人的姓	rèn	任务、任何、主任
塞	sāi	塞住、塞子	sài	要塞、塞外
	sè	闭塞、堵塞		
散	sǎn	散文、松散、散漫	sàn	解散、散步、散会
舍	shě	舍己为人、舍得	shè	宿舍、校舍
省	shěng	江苏省、节省、省略	xǐng	反省、省悟、不省人事
似	shì	像个孩子似的、飞也似地	sì	似乎、相似、类似
宿	sù	宿舍、住宿、宿愿	xiǔ	住了一宿、谈了半宿
吐	tǔ	谈吐、吐露、扬眉吐气	tù	呕吐、上吐下泻、吐血
为	wèi	因为、为什么、为了	wéi	作为、认为、所作所为
校	xiào	学校、校内	jiào	校对、审校
兴	xīng	新兴、兴奋、兴起	xìng	兴致、高兴、兴高采烈
行	xíng	发行、飞行、风行、行文	háng	行列、银行、太行山

（续表）

字	读音	举例	读音	举例
畜	xù	畜养、畜牧业	chù	家畜、牲畜
咽	yān	咽喉、咽头	yàn	吞咽、狼吞虎咽
	yè	呜咽、哽咽		
燕	yān	燕京、燕国	yàn	燕子、莺歌燕舞
要	yāo	要求、要挟	yào	需要、紧要、将要、要是、提要
应	yīng	应当、应该、应有尽有	yìng	适应、反应、应付、应届
吁	yù	呼吁	xū	气喘吁吁、长吁短叹
载	zǎi	三年五载、登载、记载	zài	下载、装载、满载而归、载歌载舞
攒	zǎn	积攒、攒钱	cuán	攒聚、攒电脑、万头攒动
炸	zhá	油炸、煎炸、炸糕	zhà	炸弹、炸药、炸毁
粘	zhān	粘在一起、粘牙、粘贴	nián	粘液、粘米
涨	zhǎng	涨价、水涨船高	zhàng	涨红了脸、豆子泡得涨起来了
着	zháo	着急、着火、睡着了	zhāo	高着儿、一着棋
	zhe	拿着、看着、正忙着呢	zhuó	衣着、附着、着重、着色、着落
折	zhé	曲折、转折、周转、百折不挠	zhē	折腾、折跟头
	shé	折本、树枝折了		
症	zhēng	症结	zhèng	病症、急症、不治之症、对症下药
只	zhī	只身、两只手	zhǐ	只要、只顾、只有、只管
中	zhōng	中文、中间、中心	zhòng	看中、中计、中肯、中毒
种	zhǒng	播种、种族、两种	zhòng	种植、种瓜得瓜，种豆得豆
重	zhòng	重量、重要	chóng	重新、重复
转	zhuǎn	转折、转变、扭转、回心转意	zhuàn	旋转、打转
钻	zuān	钻研、钻营、钻探	zuàn	钻石

还有一种汉字，它们在不同的词里字音不同，但字义却相同，这些字就叫做“多音同义字”。这种字音变化一般不容易掌握，也是考生常常容易读错的字。

这种字音的区别，主要有两种情况：一种是这个字单用时和用这个字构成复合词时的读法不同；另一种是在个别词语中的读音与一般读音不同，这类字数量不多，但却非常容易读错。

下面就列举一些常用的多音同义字。

字	读音	举例	读音	举例
剥	bāo	剥花生、剥皮	bō	剥削、剥夺、剥落
薄	báo	这本书很薄、一条薄被子	bó	稀薄、单薄、刻薄
臂	bei	胳臂	bì	手臂、臂膀
颤	chàn	颤动、发颤、振颤	zhàn	颤栗、打冷颤
答	dā	答理、答应	dá	回答、答复、对答
逮	dǎi	逮老鼠、逮住	dài	逮捕
给	gěi	给你书、把包给我	jǐ	供给、给予、自给自足
巷	hàng	巷道	xiàng	小巷、街巷、巷子
嚼	jiáo	嚼碎、细嚼慢咽、咬文嚼字	jué	咀嚼
量	liáng	量杯、丈量、测量	liàng	量力而行、不可限量
露	lòu	露面、露出马脚	lù	露天、露骨、出头露面
绿	lù	绿林、鸭绿江	lǜ	绿化、绿色
那	nà	那么、那里	nèi	那个、那天
扫	sǎo	扫地、扫盲、打扫、扫兴	sào	扫帚
吓	hè	恐吓、恫吓、威吓	xià	吓人、惊吓
削	xiāo	削铅笔、削苹果、削球	xuē	剥削、削弱、削减
血	xiě	出血了、血的教训、吐血	xuè	输血、血统、呕心沥血
凿	záo	开凿、凿石头、凿洞	zuò	确凿、穿凿
这	zhè	这里、这儿	zhèi	这个、这边

常见错误

1. 不知道汉语中多音字的具体情况，没有注意多音字的意识。

2. 掌握的多音字比较少，而且不确定读音，常常读错。

3. 朗读时拿不定主意，造成不应有的停顿；或试探多种发音，打断了朗读的连贯性，读破了句子。

● 应试策略与技巧

1. 考生要了解关于多音字的基本知识，平时多记一些多音字，并通过练习达到熟练运用的程度。

2. 在朗读时，如果拿不准多音字的读音，可以根据与它组合成词的另一个字来猜测这个词的意思，从而确定这个多音字的正确发音。如“乐曲”的“乐”是个多音字，根据它后面的“曲”字我们可以知道“乐曲”这个词是有关音乐的，在这个词里，“乐”可能是“音乐”的意思，所以可以确定它是读“yuè”，而不是读“lè”。

练习（二）

朗读 73—78 页列举的词语和例子。

考点与难点（七）　读准形近字

● 说明

在汉语中，还有一类字容易读错，这就是“形近字”。

在朗读时，我们常常会发现，有的字和另一个字从形体上来看差不多，因而很容易把这个字读成那个字的音。汉字本来就是靠一点一横等笔画形状来作为结构上的区别的，有时差别很细微，字就很容易读错，这一类容易读错的字就是“形近字”。

下面我们就列举一些使用频率比较高的又比较容易读错的形近字，从字形和字音上进行对比和分辨。

庇（bì）：包庇——屁（pì）：屁股	簿（bù）：练习簿——薄（bó）：薄弱
拆（chāi）：拆除——折（zhé）：折磨	谄（chǎn）：谄媚——陷（xiàn）：陷阱——馅（xiàn）：饺子馅（儿）
舂（chōng）：舂米——春（chūn）：春天	皴（cūn）：皴裂——皱（zhòu）：皱纹
悼（dào）：悼念——掉（diào）：扔掉	滇（diān）：滇池——填（tián）：填空
陡（dǒu）：陡峭——徒（tú）：徒弟	厄（è）：厄运——危（wēi）：危险
赋（fù）：赋予——贼（zéi）：乌贼	亘（gèn）：亘古及今——恒（héng）：恒心
弧（hú）：括弧——孤（gū）：孤独	淮（huái）：淮河——准（zhǔn）：准确

（续表）

豢（huàn）：豢养——拳（quán）：拳头	浣（huàn）：浣纱——完（wán）：完结
肓（huāng）：病入膏肓——盲（máng）：盲人	喙（huì）：鸟喙——缘（yuán）：缘分
棘（jí）：棘手——辣（là）：辣椒	缄（jiān）：缄默——减（jiǎn）：减少——咸（xián）：咸味
菅（jiān）：草菅人命——管（guǎn）：管理	浸（jìn）：沉浸——侵（qīn）：侵略
兢（jīng）：兢兢业业——克（kè）：克服	迥（jiǒng）：迥然不同——回（huí）：回家
慨（kǎi）：慷慨——概（gài）：概念	栗（lì）：栗子——票（piào）：车票
戮（lù）：杀戮——戳（chuō）：盖戳	掠（lüè）：掠夺——凉（liáng）：冰凉——谅（liàng）：原谅
券（quàn）：证券——卷（juàn）：画卷	蜃（shèn）：海市蜃楼——唇（chún）：嘴唇
矢（shǐ）：有的放矢——失（shī）：失败	恃（shì）：有恃无恐——持（chí）：支持
戍（shù）：卫戍——成（chéng）：成功	祟（suì）：鬼鬼祟祟——崇（chóng）：崇拜
荼（tú）：如火如荼——茶（chá）：茶叶	徙（xǐ）：迁徙——徒（tú）：徒弟
呷（xiá）：呷了一口茶——押（yā）：押送	肄（yì）：肄业——肆（sì）：放肆
喑（yīn）：万马齐喑——暗（àn）：阴暗	臾（yú）：须臾——叟（sǒu）：老叟
隅（yú）：一隅——偶（ǒu）：偶然	驭（yù）：驾驭——驳（bó）：反驳——驶（shǐ）：行驶
垣（yuán）：残垣——恒（héng）：恒心	粤（yuè）：粤菜——奥（ào）：深奥
眨（zhǎ）：眨眼——贬（biǎn）：贬低	瞻（zhān）：瞻仰——赡（shàn）：赡养
湛（zhàn）清湛——堪（kān）：不堪——甚（shèn）：甚至	稚（zhì）：幼稚——雅（yǎ）：高雅
峙（zhì）：对峙——持（chí）：支持	惴（zhuì）：惴惴不安——揣(chuǎi)：揣测
缀（zhuì）：点缀——辍（chuò）：辍学	灼（zhuó）：真知灼见——勺（sháo）：勺子
纂（zuǎn）：编纂——篡（cuàn）：篡夺	

汉语中的形近字还有很多，考生可以通过本课练习准确掌握更多的形近字。

● 常见错误

1. 把两个形近字搞混，造成发音错误。

2. 根本不认识那个字，就用形近字的发音来代替。

3. 想当然地用这个字的左边或右边的发音来代替这个字的发音。比把“赋（fù）”读成“wǔ”或者“bèi”；把“兢（jīng）”读成“kè”，等等。

应试策略与技巧

1. 在平时的学习中，要养成勤查字典的好习惯，注意区分形近字发音的不同，拿不准的字千万不要想当然地随便放过去。否则，在平时学习时可能不会有太大的问题，但一到考试时或一些公开场合、关键时刻就要露怯了。

2. 通过做一些专门的练习来掌握形近字的发音。

练习（三）

朗读 79—80 页列举的词语和例子。

考点与难点（八） 带着感情朗读

说明

对于“朗读”这个题型来说，语音语调准确、清楚是第一要求，而如果想取得更好的成绩，考生还需要学会带着感情来朗读。这就是一个基本要求和更高要求的差别。

所谓“朗读”，跟一般的“读”是有区别的，它是指清清楚楚地高声读诵，而且还要通过你的朗读使诗文的语气连贯并把文章的内容或情感表达出来。所以可以说，朗读实际上是对书面语言的一种“二次创作”，通过朗读，既可以更好地体现出原文的内涵，又可以打动听者。从这个角度说，这个“二次创作”肯定是有优劣之分的。从样卷和真题看，这个题型提供的朗读材料一般是抒情散文，这就更需要考生带着感情来朗读了。

散文是一种文学体裁，它的最大特点是篇幅短小，语言优美，生动有趣，形式和写法自由灵活，没有任何束缚及限制。抒情散文是散文中的一类，内容注重表现作者的思想感受，抒发作者的思想感情。在这类散文中，有对具体事物的记叙和描绘，但通常没有贯穿全篇的情节，其突出的特点是强烈的抒情性。它或直抒胸臆，或触景生情，洋溢着浓烈的诗情画意，即使描写的是自然风物，或者叙述人物事件，也会赋予深刻的社会内容和思想感情。优秀的抒情散文感情真挚，语言生动，还常常运用象征和比拟的手法，把思想寓于形象之中，具有强烈的艺术感染力。

正因为抒情散文有着这样的一些特点，所以朗读时一定要做到声情并茂，才能完全体现出文章的特色和内涵。

除了抒情散文之外，其他一些题材的文章，比如在叙事中寓情寓理，或者介绍一些有益的知识、说明一个道理或对人生的思考、感悟，等等，也都有可能在考试中出现。不管文章的题材是什么，有一点是可以肯定的，就是考试中出现的文章，一般来说，它的主题都应该是积极的、乐观的、正面的，是充满正能量的。考生在朗读时，当然也要带着愉悦的、开朗的、享受的感情去朗读，这样才能把文章的主题很好地表现出来，这样的“二次创作”也才能是一个高水平的作品。

那么，是不是只要读懂了文章，而且自己内心有感情就可以读出感情来呢？恐怕没有那么简单。要想读出感情来，还需要靠你随时调整自己的声音。人的情绪和情感要通过声音的弹性来进行表达。举例来说，我们在兴奋时和愤怒时，说话的声音都会不知不觉地提高，但这是两种完全不同的“提高”，通过这个不同的“提高”，我们内心的情感波动也就被清晰地表达出来了。

所谓“声音的弹性”，是指声音对于人们变化着的思想感情的适应能力。简单地说，就是声音随着感情变化而产生的伸缩性、可变性。在朗读的过程中，考生的思想感情是随着文章的内容而不断变化着的。这种思想感情的动态要求考生的气息、声音也随之而运动、变化，以体现出感情的动态。这就是声音的弹性。

声音的弹性主要包括以下几个方面：高与低的变化，强与弱的变化，快与慢的变化，刚与柔的变化，等等。

要想使自己的声音富有弹性，考生在练习中可以从以下两个方面加以注意：

第一，控制气息。

朗读时让自己的气息随着感情的变化而运动。气息是我们发声的动力，有了气息，人类的声带才能够振动，因此而发出声响。所以，气息是感情与声音之间的桥梁。考生在朗读时，可以通过调整气息的变化来让声音富有弹性。这样不但能够让声音持久、响亮，而且还可以帮助我们更好地表情达意。

第二，控制口腔。

语音主要在口腔形成，所以加强口腔的控制可以有效地锻炼口腔器官的协调配合，发出清晰圆润的、富有弹性的声音，提高自己控制声音的能力。在朗读中，什么时候该高，什么时候该低；什么时候该强，什么时候该弱；什么时候该快，什么时候该慢；什么时候该刚，什么时候该柔，考生必须通过反复多次的练习和体会才能熟练地控制和掌握。

● 常见错误

1. 不清楚“读”与“朗读”的区别，没有体现出文体的特点和朗读的特点。

2. 只是机械地读出声音，不带任何的感情，没有很好地表现短文中的思想感情。

3. 对短文的内容和所蕴含的情感缺乏深入、准确的理解，当然也就不能很好地通过朗读表现出来。

4. 不懂得提高朗读水平的要点和方法，不能获得更好的朗读效果。

应试策略与技巧

1. 朗读和回答问题，一共有 10 分钟的准备时间，建议考生用三分钟准备朗读。准备时，快速默读短文，一方面注意字词的发音，另一方面注意把握短文的中心内容和情感发展脉络。

散文的内容多种多样，写法不拘一格，要理解和把握一篇散文，就得准确捕捉其字里行间渗透着的思想感情和内涵。要想做到这一点，考生必须在准备时间中尽可能仔细地阅读和品味短文，摸清文中感情发展的脉络。

2. 朗读时必须专心致志，完全专注于文章的内容，并使自己的感情融入其中。一旦分心，就很难读出感情来了。

大凡散文都会采用借景抒情、寄情于物、托物言志、夹叙夹议，或用象征、比喻等修辞方法来表情达意，创造出一种意境。要把散文蕴含的这些情感表达出来，考生就必须让自己集中全部注意力，融入其中，激发和调动自己的情感，用恰当的吐字发声去把散文的内涵和意境体现出来。

3. 平时多听听高水平的朗读，好好体会朗读者是如何通过“二次创作”来表情达意，感染听众的；同时更重要的是，要在老师的指导下多多练习，反复体会，这样才能在考试中发挥最佳水平。

练习（四）

在课后练习的朗读练习中选择一段，朗读并进行录音；之后自己听一听自己的朗读；对比示范朗读，体会一下如何朗读才更有感染力。

课后练习

一、比较一下下面各组汉字，给它们加上拼音，并分别组词。

具（ jù ）工具　　刀（　　）______　　尘（　　）______　　参（　　）______
真（　　）______　　刃（　　）______　　尖（　　）______　　叁（　　）______

浅（　　）______　　渐（　　）______　　夏（　　）______　　阶（　　）______
贱（　　）______　　惭（　　）______　　复（　　）______　　价（　　）______

彻（　　）______　　熄（　　）______　　焰（　　）______　　滋（　　）______
沏（　　）______　　媳（　　）______　　陷（　　）______　　磁（　　）______

权（　　）______	缴（　　）______	舌（　　）______	感（　　）______
杖（　　）______	激（　　）______	吞（　　）______	咸（　　）______
垠（　　）______	膜（　　）______	部（　　）______	咽（　　）______
银（　　）______	摸（　　）______	陪（　　）______	烟（　　）______
仪（　　）______	指（　　）______	秦（　　）______	隅（　　）______
议（　　）______	脂（　　）______	泰（　　）______	偶（　　）______
茶（　　）______	歇（　　）______	侍（　　）______	滥（　　）______
搽（　　）______	喝（　　）______	待（　　）______	槛（　　）______
珍（　　）______	遍（　　）______	佼（　　）______	暑（　　）______
诊（　　）______	编（　　）______	狡（　　）______	署（　　）______
骆（　　）______	唾（　　）______	译（　　）______	跪（　　）______
格（　　）______	捶（　　）______	绎（　　）______	诡（　　）______
汤（　　）______	眨（　　）______	畜（　　）______	牧（　　）______
烫（　　）______	泛（　　）______	蓄（　　）______	枚（　　）______
贪（　　）______	狭（　　）______	桂（　　）______	津（　　）______
贫（　　）______	浃（　　）______	挂（　　）______	律（　　）______
超（　　）______	违（　　）______	唯（　　）______	街（　　）______
迢（　　）______	纬（　　）______	维（　　）______	衔（　　）______
仿（　　）______	妨（　　）______	味（　　）______	趁（　　）______
坊（　　）______	纺（　　）______	抹（　　）______	珍（　　）______
烦（　　）______	恼（　　）______	络（　　）______	腮（　　）______
项（　　）______	脑（　　）______	洛（　　）______	鳃（　　）______
驼（　　）______	湖（　　）______	弛（　　）______	薄（　　）______
蛇（　　）______	糊（　　）______	驰（　　）______	簿（　　）______
旋（　　）______	昧（　　）______	李（　　）______	翼（　　）______
漩（　　）______	味（　　）______	季（　　）______	冀（　　）______

慌（　　）______　梭（　　）______　惴（　　）______　缀（　　）______

谎（　　）______　棱（　　）______　揣（　　）______　辍（　　）______

二、朗读下面的短文，每段大约用 2 分钟。（示范录音 03-4-2）

（一）

优秀的武侠小说不仅从另一个角度反映了时代风貌和各色人等的心理历程，也铸造了独特的艺术风格。它们多是线条粗犷，没有雕琢，甚至略显仓促，但让人读后心跳加速、热血涌动，透出一股逼人的热气。这就是它们中的佼佼者共同具有的豪放美。这种美的形态是从宏伟的力量、崇高的精神呈现出来的，它往往引发人们十分强烈的感情，或促人奋发昂扬，或迫人扼腕悲愤，或令人仰天长啸，或使人悲歌慷慨。这种气势美，恰恰就在于它表现出我们民族精神面貌里的一种豪放、一种对理想境界的追求、一种价值判断的准则。

已故著名数学大师华罗庚先生曾根据自己读武侠小说的感受，称其为“成人的童话”。这是指武侠小说都建构了一个想象的世界，它以虚构的梦幻的形式，揭示历史、人生及人性的现实。

（二）

北京是世界著名的历史文化名城。3000 年的建城史，近千年的帝都，给这里留下了数以百计的具有极大历史、文化、艺术价值的文物古迹。有学者把北京称为“人类最伟大的个体工程”并非过誉，因为北京城本身就是一个伟大而丰富的历史博物馆：巍峨盘旋于群山之间的古长城，雄伟壮丽的故宫，庄严肃穆的天坛，风景如画的皇家园林颐和园、圆明园和北海，还有那些超凡脱俗的宗教建筑，无一不让人深深领略到古老东方文化的魅力。

北京的文学艺术传统源远流长，并且因不同时代多民族文化的交汇碰撞而显现出多样化的趋势；但在多样化的背后，又有着浓浓的地域和乡土特质，最具代表性的莫过于堪称中国国粹的京剧艺术了。在这座逐渐现代化的城市里，民俗风情仍然体现出这座古都传承东方文明的精细态度。在琉璃厂文化街，在老四合院里，在庙会上，你可以看到流动的现实和悠久历史遗存的痕迹奇妙地交融。

（三）

有一天，一只狐狸落在老虎的爪子下，眼看着就要成为老虎的美餐了。狐狸绝望地勉强抗争，对老虎说它是天帝派来做百兽之王的，岂能允许一只小小的老虎把它吞掉！“你要是胆敢这样做，”它对老虎说，“就是违抗天意，将会受到严厉的惩罚。”

老虎用眼睛打量了一番狐狸的小个头儿，犹犹豫豫地表示它不十分相信。“好吧，”狐狸见状，变得大胆起来，它装出一副不耐烦的神气说，“要是你的怀疑还没有消失的话，就让我来证实一下我的话吧。跟上我，瞧瞧当我露面的时候，百兽对我是何等的敬畏！”

于是狐狸昂首阔步在前面走，老虎毕恭毕敬地在后面跟着。它们走过森林，遇到不少动物，这些动物一见到老虎，都慌忙逃命。狐狸得意地说："怎么样？你看到它们的那副狼狈相了吧？"而老虎呢，还真以为那些野兽逃跑是由于害怕狐狸的缘故，不由得更加诚惶诚恐了。最后，它找个机会悄悄溜走了。

（四）

朋友送我一对珍珠鸟。放在一个简易的竹条编成的笼子里，笼内还有一卷干草，那是小鸟儿舒适又温暖的巢。

有人说，这是一种怕人的鸟。我把它挂在窗前，那儿还有一大盆异常茂盛的法国吊兰。我便用吊兰长长的、串生着小绿叶的垂蔓蒙盖在鸟笼上，它们就像躲进深幽的丛林一样安全；从中传出笛儿般又细又亮的叫声，就格外轻松自在了。

我很少扒开叶蔓瞧它们，它们便渐渐敢伸出小脑袋瞅瞅我。我们就这样一点点熟悉了。

三个月后，那一团愈发繁茂的绿蔓里边，发出一种尖细又娇嫩的鸣叫。我猜到，是它们有了雏儿。我呢，决不掀开叶片往里看，连添食加水时也不睁大好奇的眼去惊动它们。过不多久，忽然有一个更小的脑袋从叶间探出来。哟，雏儿！正是这小家伙！瞧，多么像它的父母：红嘴红脚，蓝灰色的毛，只是后背还没生出珍珠似的圆圆的白点；它好肥，整个身子好像一个蓬松的球儿。

（五）

大雪整整下了一夜。今天早晨，天放晴了，太阳出来了。推开门一看，嗬！好大的雪啊！山川、河流、树木、房屋，全都罩上了一层厚厚的雪，万里江山，变成了粉妆玉砌的世界。落光了叶子的柳树上挂满了毛茸茸亮晶晶的银条儿；而那些冬夏常青的松树和柏树上，则挂满了蓬松松沉甸甸的雪球儿。一阵风吹来，树枝轻轻地摇晃，美丽的银条儿和雪球儿簌簌地落下来，玉屑似的雪末儿随风飘扬，映着清晨的阳光，显出一道道五光十色的彩虹。

俗话说，"瑞雪兆丰年"。这个话有充分的科学根据，并不是迷信。寒冬大雪，可以冻死一部分越冬的害虫；融化了的水渗进土层深处，又能供应庄稼生长的需要。我相信这一场十分及时的大雪，一定会促进明年春季作物的丰收。有经验的老农把雪比作是"麦子的棉被"。冬天"棉被"盖得越厚，明春麦子就长得越好，所以又有这样一句谚语："冬天麦盖三层被，来年枕着馒头睡。"

我想，这就是人们为什么把及时的大雪称为"瑞雪"的道理吧。

（六）

1895年，美国商人从西印度群岛运来一批西红柿。按美国当时的法律，输入水果是免交进口税的，而进口蔬菜则必须缴纳10%的关税。纽约港的关税官认定西红柿是蔬菜，理由是：它要进入厨房，经过烹制，成为人们餐桌上的佳肴。商人则认为西红柿应属水果，据理力争的理由是：西红柿有丰富的果汁，这是一般蔬菜所不具备的；它又可以生食，同一般蔬菜也不一样，形状色泽也都应当属于水果范畴。双方为此争执不下，最后只好把西红柿作为被告，送进美国高等法院，接受审判。

经过审理，法院一致判决："正像黄瓜、大豆和豌豆一样，西红柿是一种蔓生的果实。在人们日常的生活中，总是把它和菜园中种植的马铃薯、胡萝卜等一样作为饭菜用；无论是生吃还是熟食，它总是同饭后才食用的水果不一样。"从此，西红柿才法定为蔬菜，成为人们餐桌上的一种佳肴。

（七）

夕阳落山不久，西方的天空，还燃烧着一片橘红色的晚霞。大海，也被这霞光染成了红色，而且比天空的景色更要壮观。因为它是活动的，每当一排排波浪涌起的时候，那映照在浪峰上的霞光，又红又亮，简直就像一片片霍霍燃烧着的火焰，闪烁着，消失了。而后面的一排，又闪烁着，滚动着，涌了过来。

天空的霞光渐渐地淡下去了，深红的颜色变成了绯红，绯红又变为浅红。最后，当这一切红光都消失了的时候，那突然显得高而远了的天空，则呈现出一片肃穆的神色。最早出现的启明星，在这蓝色的天幕上闪烁起来了。它是那么大，那么亮，整个广漠的天幕上只有它在那里放射着令人注目的光辉，活像一盏悬挂在高空的明灯。

在这幽美的夜色中，我踏着软绵绵的沙滩，沿着海边，慢慢地向前走去。海水，轻轻地抚摸着细软的沙滩，发出温柔的刷刷声。晚来的海风，清新而又凉爽。我的心里，有着说不出的兴奋与愉快。

（八）

全家团圆，妈妈忙前忙后，总像有使不完的劲儿。儿女们叫妈妈休息一下，妈妈却倔强而喜悦地推辞。妈妈虽银丝飘飘，却心明眼亮。每每茶余饭后，把我们集中在一起，询问学习、生活、人际关系。我们进步时，妈妈就满脸微笑，温柔地表扬我们；当我们沮丧失落时，妈妈就谆谆教导，循循善诱，犹如春天的雨露，滋润着我们的心田。

孩子将要远行，昏暗的灯光下，妈妈手拿针线，密密地缝补着孩子的衣服。妈妈眼睛不好，总是缝一针，落两针。她那轻轻的叹息声，飘至我的心中，我总是泪湿枕巾。

离家几千里，每每眺望远方，我似乎总能看见我的妈妈站在小山坡上，手搭凉棚，在寻找着，凝视着，盼望着儿女们归来。我时时在梦中望见妈妈展开双臂，呼唤着我，向我走来，我跳床而起，向妈妈扑去……

妈妈给了我们坚强的性格，上进的精神。我的妈妈是世界上最好的妈妈。

第5课 第三部分，回答问题 1

题型与特点

● 题型

HSKK（高级）的第三部分是回答问题，共2题。这部分试题，试卷上会提供两个开放式问题，要求考生分别在两分半钟之内回答完，并进行录音。例如《新汉语水平考试大纲 HSK口试》中的样题：

【例1】

5. 你认为理想的生活状态是什么样的？请简单说说。（2.5分钟）

6. 有人认为辩论可以让双方取得一致的意见，有人认为辩论会使双方更对立。你怎么看？（2.5分钟）

回答这部分考题，要求考生做到内容完整，观点清楚，能用语音较为纯正的普通话连贯流利地表达思想，要做到内容充实，表述得体。

这部分考题不仅可以考查考生的语音语调水平和口头自由表达的能力，而且还可以从考生的回答情况中了解到他的分析问题、理解问题的能力和逻辑思维能力，这也是与语言学习密切相关的重要方面。一般来说，这部分考题会采用大部分考生熟悉的、贴近生活的、有话可说的题目，并且会尽量避免专业性太强的内容，以排除由于内容陌生、无话可说形成的干扰和由于对知识领域的陌生而形成的干扰。

● 特点

与HSKK（高级）的“听后复述”和“朗读”题型相比，“回答问题”题型具有以下一些特点：

一、最明显的是，题型和测试内容、测试方法都不一样。

第一部分试题是“听后复述”，第二部分试题是“朗读”，而第三部分试题则是“回答问题”，是说话，这是三种从内容到形式都不一样的试题。

二、考查的侧重点不一样。

虽然这三种题型要考查的都是考生的汉语口语水平，但第一种题型主要侧重的是考查考生的语音语调水平、语感的好坏和语法基础怎么样；第二种题型主要侧重的是考查考生的词汇量、汉字认读能力以及对汉语言文字的理解能力；而第三种题型主要侧重的是要考查考生的即兴口头表达能力、思考分析能力和对汉语的综合运用水平。

三、与“听后复述”题型一样，这部分试题中两个问题的难度也有所不同。

从样卷和真题看，第一个问题多以叙述性或介绍性为主，第二个问题多以说明性或议论性为主。如样卷题目的内容，第一个问题是：“你认为理想的生活状态是什么样的？请简单说说。”这是一个以叙述性为主的题目，考生应该用叙述的方法讲述自己认为的理想的生活状态是什么样的；从内容上说，只要把自己所想到的介绍清楚就可以了，不需要什么深入的思考和分析。但因为需要自己组织语言和内容，所以比口语考试的“听后复述”和“朗读”题型的难度要大一些。而第二个问题有所不同，题目是：“有人认为辩论可以让双方取得一致的意见，有人认为辩论会使双方更对立。你怎么看？”这是一个议论性比较强的问题。题目先提供了两种对“辩论”的不同看法，要求考生要能够就这个问题发表自己的看法，在这里，考生要表述的，不是情况的介绍，而是个人的意见。所以考生不仅要组织好语言，而且还要提出自己的思想观点，并且很好地表达出来，这就比回答第一个问题的难度又大了一些。这样的安排，体现了语言考试“从易到难”的基本原则。同时也可以看到，总的来说，“回答问题”题型的难度要比前两种题型大。

四、前两个题型对考生的语速都有一定的要求，“听后复述”约为60—70字/分钟，“朗读”约为120—180字/分钟；而“回答问题”则对考生的语速没有特别的要求。

- HSKK（高级）“回答问题”试题评分标准：

高：考生能就问题做出回答，内容丰富，表达流利，只有少量停顿、重复、语法错误。

中：考生能就问题做出回答，但信息量较少，停顿、重复、语法错误较多。

低：考生答非所问，信息量少且不连贯。

根据上面所分析的“回答问题”这一题型的特点和评分标准，我们可以通过掌握以下几个方面的内容来答好这部分试题。

考点与难点（一）　准确区分两个问题的不同特点和要求

• 说明

在HSKK（高级）的“回答问题”题型中，两个问题在性质上有很明显的区别，即第一个问题多是叙述性或介绍性的，第二个问题多是说明性或议论性的。这就决定了考生在回答这两个问题的时候，应注意使用不同的词语和句式，安排不同的内容，表达也需要用不同的语气、语调。

所谓叙述，就是对一个或一些人物、事实、事件按照它的客观情况做一般性的介绍、说明和交代，或对过程做一般性的陈述，让听的人了解它的真实面貌，它的基本特点就是事实、事件的叙述性。所谓议论，就是对某个问题或对象提出自己的见解或主张，并说明理由，使听的人觉得信服。它的基本特点是议论的说服性。

具体到 HSKK（高级）中，回答第一个问题时，主要应该采用客观介绍的方法，用叙述的语气，层次清楚地把要说的内容表述出来；而回答第二个问题时，则应该采用表述主观看法的句式和语气，把自己的观点明白地表达出来。

比如样卷的第一个问题是：“你认为理想的生活状态是什么样的？请简单说说。”这个问题的关键词“生活状态”是一个比较广泛的概念，可以从“大”和“小”两个方面去理解。“大”的方面可以是指我们在社会生活和自然环境中所处的状况，“小”的方面就更多了，可以指家庭生活、工作、学业、经济、恋爱、朋友、健康、住所、交通、子女、饮食、旅游等等各个方面。当然，回答时没必要这样面面俱到，只要突出你最重视、最希望的方面或内容就可以了。在介绍的过程中，可以表达自己的感情倾向，但一定要在介绍和叙述中自然地流露出来，一般不需要直接发表自己对某一个问题或某一个方面的个人意见或看法。

样卷的第二个问题是：“有人认为辩论可以让双方取得一致的意见，有人认为辩论会使双方更对立。你怎么看？”题目非常清楚地要求考生回答对“辩论对于问题的解决和双方的关系有着怎样的影响”这个问题的个人意见和看法，所以，考生的答案应该紧紧围绕这个问题来发表个人的意见，并进行一定程度的论述，增强观点的说服力，而不能再以客观介绍为主了。

● 常见错误

1. 考生不了解两个问题的主要特点和不同要求，也不清楚叙述、议论的概念，不知道该如何准确地、符合要求地回答这两个问题，而是随意说来，没有针对性。

2. 正因为以上原因，所以在回答问题时，“叙述”或“议论”的特点不突出。有的考生在审题时对题目的要求理解得不清楚或不准确，不能明确区分这两个问题的不同性质和对考生回答时的不同要求，回答时就把叙述与议论掺杂在一起，从而使该叙述的问题“叙述”的特点不明显，内容安排不恰当；该议论的问题“议论”的特点不明显，观点不明确。

比如在回答第一个问题的时候，有的考生掺杂进了自己对一些社会情况和生活问题的意见和看法，或者把两个事物或两件事情进行比较，得出自己的结论，这样做就使得自己的答案不能完全符合“叙述性或介绍性”的要求。

在回答第二个问题的时候，有的考生过多地停留在对事实或情况进行解释和说明上，而应该突出的自己的观点却不够明确、清晰，这就使得回答的内容更倾向于叙述性，而缺乏议论性，这也偏离了题目的要求。

● 应试策略与技巧

1. 考生要了解这两个问题的不同特点和不同要求，了解关于叙述、议论的基本知识。

2. 在以上基础上，在内容上对两个问题进行严格的区分。第一个问题应该侧重于安排介绍、说明性的内容，第二个问题应该侧重于安排自己的观点、看法，以及对观点、看法的论述。

3. 为了突出两个问题的不同特点，考生要注意使用符合内容特点的句式和语气。对于第一个问题，以介绍、叙述的语气来说明就可以了；而对于第二个问题，可以选用一些适合表达自己观点的句式，比“我认为”“在我看来”“坦率地说”“从……角度来看”“一方面……，另一方面……”“首先……，其次……，再次……，还有……，最后……”“综上所述”“总而言之”“简而言之”等，来突出议论的语气，也可以使内容的安排更具有条理性。

练习（一）

一、讨论和分析一下以下两个问题的主要特点和区别，以及应该使用什么样的表达方法。

1. 请介绍一下你在自己国家所居住的城市。
2. 有人说，玩电脑游戏可以锻炼大脑的反应能力；有人说，玩电脑游戏完全是浪费时间。你对这个问题怎么看？

二、回答以上两个问题。（每个问题用 2.5 分钟）

（参考回答示范录音 03-5-1）

考点与难点（二）　观点明确，内容充实有序，主次分明

● 说明

HSKK（高级）的“回答问题”题型中的两个问题一共要用大约 5 分钟的时间来回答，如果考生按照一般的语速，即每分钟说 120—180 字的话，那么每个问题就大约需要说 300—450 字，两个问题加起来，一共需要说 600—900 个字左右。对于语速比较快的考生来说，可能所要输出的字数还会更多一些。对于这样一个不算小的篇幅，说什么和怎么说，需要统筹安排一下。所以，不论是回答第一个叙述性的问题还是第二个议论性的问题，都有一个观点是否明确和内容如何安排的问题，也就是说，要按照一定的顺序来讲述，说完一层意思以后，再说第二层意思，避免杂乱无章的现

象，从而清楚地表达出自己想说的内容、观点和主张。

那么，如何做到观点明确呢？考生可以按以下三步来进行操作：

首先，一定要仔细审清考题的核心，也就是它问的到底是什么，这样才能搞清楚题干所规定的要说的相关内容是什么。比如样卷的第一个问题："你认为理想的生活状态是什么样的？请简单说说。"这里面有两个关键词语，一是"理想"，二是"生活状态"，考生回答时必须从这两点切入来回答这个问题，这样才能有明确的观点。

其次，把自己的观点直截了当地表达出来，让人一目了然。比如样卷第二个问题："有人认为辩论可以让双方取得一致的意见，有人认为辩论会使双方更对立。你怎么看？"考生一开始就可以清楚明确地指出：我认为，辩论可以使双方取得一致的意见（或：我认为，辩论会使双方更对立）。如果缺少这种清楚明确的表达，而是说一些含糊其辞、模棱两可的话，那么别人就很难了解你的观点到底是什么。

再次，举例要紧扣题目中的关键词语充分展开，要举出能够说明自己观点的例子，不能举一些跟题目的核心内容无关或关系不大的例子，这样的例子不但不能说明自己的观点，反而会使观点更加模糊。比如回答第二个问题，如果你的观点是"辩论可以使双方取得一致意见"，而你的例子是一场辩论最后不了了之，或者没有辩论清楚，还需要继续辩论，等等，就不能够说明你的观点。

在做到了观点明确之后，接下来就是要使你的表述条理分明、清楚有序了。

具体来说，回答叙述性的问题，考生可以按照事情发生的时间顺序来叙述，也可以按照不同的地理位置来介绍，也可以按照事物的不同特点、不同特征来说明。回答议论性的问题，一般应该先表明自己的观点，紧接着就应该说明自己之所以这样看的理由。有时候可能会有几个观点，那么就应该按照顺序一一加以说明。在进行说明的时候，可以讲理，也可以用具体的例子来证明。另外，在回答议论性问题的时候，也可以对这个问题的不同方面来进行议论。总而言之，不管回答什么样的问题，考生都应该把主要的、重点的内容放在前面先说，然后说其次重要的，最后说最次要的。这样，考生的答案就可以做到充实有序、主次分明了。

比如介绍自己认为的理想的生活状态，这是一个叙述性的问题，考生可以按照时间顺序来介绍，如儿童时期、青年时期、中年时期、老年时期各自不同的理想的生活状态；也可以按照生活状态的不同方面来介绍，如家庭、婚姻、学业、工作等。不论使用哪种顺序，都应该把对你来说最重要的方面放在前面，接着再依次说其他方面的情况，还要注意使用丰富的材料来充实你的内容。再比如，谈论对"辩论"的看法，这是一个议论性的问题，考生也要把自己最基本、最重要的观点放在前面说，然后再依次说其他的看法和观点，同时，别忘了说一说你之所以这样看的原因和理由。这样，你的答案就不难做到充实有序、主次分明了。

常见错误

1. 考生的观点含糊，不够清晰明确。

2. 语言零乱，内容没有条理。有的考生对自己所要表述的内容缺乏全盘考虑，东一句，西一句，想到哪儿，说到哪儿，语言琐碎，内容混乱，颠三倒四，不能成篇。

3. 内容的主次安排不够分明。有的考生没有按照“先主要后次要”的原则安排内容，或者对主要的内容轻描淡写，匆匆掠过，而对次要的内容反复啰唆，从而造成了喧宾夺主的效果。

4. 内容离题。有的考生一开始是根据题目的要求来回答问题的，但是说着说着就走了题，跑到另外一个与主题离得很远，甚至完全没有关系的问题上去了；有的考生没有很好地审题，或者不能理解题目中某个关键词语的意思，所以回答的内容不符合题目的要求。

5. 内容过于单薄、简略。有的考生似乎对试卷提出的问题感到无话可说，常用“嗯”、“哈”这样的语气词来拖延时间，或语句断断续续，割裂严重，常常不能连贯成句。

应试策略与技巧

1. 把自己的想法和观点用明确的语言表达出来。

2. 考生要树立清楚的主次意识，善于快速抓住事情的主要方面和关键之处。

3. 先主后次，主详次略。在叙述时，严格按照先主要后次要的原则来安排内容，对主要的内容，要多说、详说，对次要的内容，则要少说、略说。

4. 紧紧围绕题目来展开内容，使自己的每一句话都与题目有关，都能为说明和表现题目服务。

5. 要学会审题。所谓审题，就是仔细阅读题目，准确地理解题目所要问的问题。不要以为题目只要扫一眼，大概知道就可以了。

6. 列出提纲，打好腹稿。

“朗读”和“回答问题”，一共有十分钟的准备时间，建议考生用三分钟准备朗读，用三分钟准备第一个问题，再用四分钟准备第二个问题。在这三或四分钟的时间里，考生要能快速列出提纲，打好腹稿。

列提纲可以分三步进行：a. 先审题，想好自己要说什么；b. 然后确定自己所要说的内容的先后次序，并用简单的句子或关键词语记录下来；c. 如果还有时间，再为每个方面准备好必要的材料，记下关键词语，打好腹稿。

写下提纲非常重要，可以作为回答问题时的提示，这样可以避免出现在正式回答问题时把已经准备好的内容遗忘了的不利局面。

7. 要学会“没话找话说”。

常常听到有的考生抱怨考试的题目不好，不是自己感兴趣的内容，无话可说，从而把考试成绩不理想的原因归结为题目不适合自己。这种看法是片面的，也不利于考生今后的学习和考试。事实上，无论是在生活中还是在工作中、学习中，并不是任何一个需要我们发表看法的问题都是我们非常感兴趣的、有很多话要说的问题；反而常常是需要我们发表看法的问题正好是我们平时没有多加注意的问题或不感兴趣的问题。考试的时候就更是这样了，可以说，任何一个题目都会使一部分考生感到陌生或无话可说，也就是说，没有一个题目是可以让所有的考生都会有话可说的。所以考生不应该把答好问题的希望寄托在题目上，而应该寄托在自己答好问题的能力上。而善于“没话找话说”正是考生答题能力的重要组成部分。

那么怎么样“没话找话说”呢？

首先一点是考生要善于把抽象的东西具体化。比如说家乡的景色好，既可以说一说春、夏、秋、冬的不同变化，也可以说一说著名景点的具体的内容以及城市风貌等，这样一来，内容就充实起来了。

其次，就是要善于找到这个事物与其他事物之间的联系。还是说家乡的景色这个话题，如果你把景色跟气候条件联系起来，跟家乡的物产联系起来，跟家乡的历史文化联系起来，甚至跟发展经济、保护环境这样的话题联系起来，那内容就会又丰富许多。

考生要想提高自己“没话找话说”这方面的答题能力，一定要在平时加强这方面的练习，要有意识地让自己去思考一些自己不感兴趣、没话可说的题目，更不要以“没话可说”为理由，轻易放弃在课堂上的练习机会。同时，考生也要有意识地扩大自己的信息量和知识面，关心世界，关心社会，关心自然，关心生活，努力扩大阅读面，积极思考问题，这样，到了考试时就不会落入无话可说的尴尬境地了。

练习（二）

一、讨论下面的两个问题，并列出提纲。

1. 如果跟别人之间发生了误会，你一般会怎么做？

2. 你认为在选择大学的专业时，应该考虑哪些重要因素？

二、回答以上两个问题。（每个问题用 2.5 分钟）

（参考回答示范录音 03-5-2）

实例分析

下面用转写的方式呈现四个学生的回答问题实例。题目是 HSKK（高级）样卷第三部分“回答问题”的第 5 题，并进行分析评述。

● 题目：

5. 你认为理想的生活状态是什么样的？请简单说说。（2.5 分钟）

★实例 1

● 学生答案（转写）：

（考生读题目）你认为理想的生活态度是什么样的？请简单说说。

我觉得理想的生活状态就是结婚，找到一个有意思的工作，生孩子，照顾他们。但是这个就是一种生活态度。如果有一个人，他觉得他的理想的生活比这个不一样，就应该按照自己的理想的生活。因为我觉得最理想的态度就是实现自己的理想。

● 分析

这段话的主要问题有以下几点：

1. 内容单薄，不够丰富，没有充分地展开思维，所以时间没有说够题目要求的 2.5 分钟，大概只有 1.5 分钟，差得比较多。

2. 这段话有一个比较严重的问题是：考生混淆了“生活状态”和“生活态度”这两个不同的概念。一开始，考生读了一遍题目，就把题目中的“生活状态”错读为“生活态度”。在开始回答时，考生又回到了“生活状态”，但又说“生孩子，照顾他们。但是这个就是一种生活态度”；到了最后，考生也总结为“生活态度”。这说明考生词汇量不够，完全不理解“状态”和“态度”这两个词的区别。“态度”是四级词汇，“状态”是五级词汇，考生不应该不了解这两个词。

这样一来，就导致了这段话内容杂乱，没有围绕题目来说。这也说明，考生在准备时间中，没有审清楚题目，而这个是答好问题的最起码的一点。

3. 有语言错误。比不该转折的地方用了“但是”，“比”字错用，等等。

★实例 2

● 学生答案（转写）：

这个，第五题的问题就是你认为理想的生活状态是什么样的，我应该简单地说说。

那，我觉得理想的生活，嗯……理想的生活状况，嗯……那个“状态”我不太清楚是什么意思，是，嗯……对工作有什么看法，还是对什么生活的方面。但是如果是对工作的呢，那我觉得，嗯，一个工作应该，嗯，我想做的工作就是一个让我满意的工作，让我生活满足，不是，嗯……每天每天很辛苦地去工作呢，然后回家，没有什么、得到什么好结果，就是好像空虚一样，因为如果每天很努力，很累，还有没有意义，没有意思，没有什么目的，那没有用。我喜欢有一个我喜欢的工作，我觉得我帮助别人，还是我可以帮助，嗯……别人，有知识，还是，嗯……安慰他们，还是对，嗯……发展这个我的国家的社会，还是，嗯……有意义的一个作用。那还有钱的问题呢，我不太重视嗯那个钱，因为我觉得这个不重要，嗯……赚多少钱也不是最重要的，嗯……有的人赚很多钱，他们以后也不快乐，没有幸福快乐的生活，这个不存在的。有钱的人，他们、他们常常不高兴，因为有太多烦恼，太多忧郁。嗯……所以我喜欢我的工资也不是太多、太高，就是一个可以、可以满足我的最重要的需要，让我跟我的，嗯，家里可以有好的房子，嗯……

● 分析

这段话从篇幅上来看比第一段长，内容比较多，所以2.5分钟的时间是说够了。不过，其他问题也不少。

第一，这位考生一开始时语速很快，语流也比较顺畅，但基础发音有较大的问题，洋腔洋调比较严重。所以，虽然说得快，但发音的质量并不很高。这种情况还是很有代表性的。有的学生觉得自己到了高级班，就应该说得跟中国人一样快，但实际上发音并不准确，还有较多的问题。到了这个阶段，学生的汉语语音已经固化，形成了习惯，纠正起来会很难。如果要想纠正发音，一定要先让语速先慢下来，把每一个字发到位，发标准，等形成习惯后再慢慢加快语速。千万不要一味地追求说得快。认为快就是流利，这是一个误区。

第二，审题不够精心。这位考生一开始说了，自己不太清楚"状态"这个词是什么意思，说不知道是指工作的还是生活的。其实，题目说得很清楚，是问你"理想的生活状态"。既然是"生活状态"，当然应该主要是谈"生活"。这位考生主要谈的是工作，宽泛地说，这也是"生活"的一部分，所以也不是不可以。但是开头的那几句话，暴露了审题的粗率。

第三，这段话中的停顿是比较多的，语言有些零碎，不够完整顺畅；另外，也有一些小的语法问题。

★实例3

● 学生答案（转写）：

对我来说，基本上有两种态度。一是一个乐观的态度，另外一个是一个悲观的态度。最近，世界上发生了很多难过的事情，所以……悲观、有悲观态度的人也越来越多，虽然有挺多问题，但是我还是觉得，一个乐观的态度是最好的，是最理想的。为什么呢？有三点。首先，乐观给你带来快乐。如果你一直不断悲观的话，你也会一直烦恼一直忧愁。还有，有一个乐观的态度，嗯……会、会、会影响你的学习和工作，会有一个很好的影响。其次，如果你有一个乐观的态度，别人也会喜欢你的。如果人喜欢你，你也会……受到他们的帮助，嗯……会、你的一切会比较顺利，我觉得。最后，有一个乐观的态度是免费的吧。不用花钱，只有好处，坏处呢，我不知道有哪些。所以，总而言之，乐观的态度、乐观的态度会给你、会给你带来快乐，也会、会让人帮助你，而且都不用花钱、花钱。为什么，嗯……为什么……我不知道人为什么没有一个乐观的态度。

● 分析

我们从这段话中可以看到，这位考生说得相当不错，内容有条有理，很有逻辑性；语法错误很少，停顿和重复也不多。而且，考生的发音比较标准，几乎听不出来有什么洋腔洋调，这也是很难得的。按照这种情况，这位考生应该是可以得高分的。

但可惜的是，这位考生的答案有一个致命弱点，就是没有很好地审题、很好地理解题目所问的内容。一开始，考生就说："对我来说，基本上有两种态度。"很显然，他是把"状态"和"态度"给混淆在一起了；后面的答案全部讲的是乐观的态度有哪些好处，这显然与题目所问的"理想的生活状态"是不相符合的，因而造成了比较严重的跑题现象，有点答非所问了。这是很可惜的，也是其他考生应该吸取教训，加以避免的。

★实例 4

● 学生答案（转写）：

什么是理想的生活状态呢？我从两个方面说起来。第一个方面是，对我来说，理想的生活状态是，跟 ri、跟家人一起住。其实我现在不能跟家人一起住，因为这个我常常遇到苦恼的事情，（停顿），因为，（停顿）这是（停顿）我住在一起的家人很难沟通，（停顿）能一起住，才能可以、可以沟通，我觉得。所以我现在、现在真想跟家人一起住，所以比方说，我结婚前，好好照顾家人，（停顿），结婚以后呢，就想跟我的丈夫、我的孩子一起住，这是我理想的生活状态。第二个方面呢，（停顿），我自己认识自己的目标的时候，我才能觉得自己充满幸福。我感觉幸福的时候，自己感觉幸福是，我的理想生活状态。我出国留学后，才、才发现自己（停顿）怎么、自己怎么不知道很多东西，所以，现在我、我我有很多东西想学一学、学一学。我很多东西……

● 分析

从这位考生的答案可以看到，她准确地理解了"状态"这个词的意思，所以说的内容基本切题，时间也基本说够了。

当然问题肯定是存在的。首先是发音、停顿、重复方面的问题比较多，影响了语言表达的流利性。除此之外，还有一个比较明显的问题是，前半部分准备得比较充分，说得也就比较清楚，而后半部分由于准备不足，意思表达就不那么顺畅、清楚了，停顿和重复也更多一些，最后没有把话说完。

可见，掌控好准备的十分钟时间很重要，做到科学分配，合理安排，这样才能从容地完成问题的回答。而要做到这一点，必须通过反复的练习，积累足够的经验才能实现。

本课小结

- **主要考点难点：**

1．准确区分两个问题的不同特点和要求。

2．内容充实有序，主次分明。

- **考生常见错误：**

1．考生不了解两个问题的主要特点和不同要求，也不清楚叙述、议论的概念，根据自己的想法随便作答。

2．在回答问题时，“叙述”或“议论”的特点不突出。

3．考生的观点含糊，不够清晰明确。

4．语言零乱，内容没有条理。

5．内容的主次安排不够分明。

6．内容离题。

7．内容过于单薄、简略。

- **主要应试策略：**

1．考生要了解这两个问题的不同特点和不同要求，了解关于叙述、议论的基本知识。

2．在内容上对两个问题进行严格的区分。

3．为了突出两个问题的不同特点，考生要注意使用符合内容特点的句式和语气。

4．把自己的想法和观点用明确的语言表达出来。

5．要树立清楚的主次意识，善于快速抓住事情的主要方面和关键之处。

6．先主后次，主详次略。

7．紧紧围绕题目来展开内容。

8．要学会审题。

9．列出提纲，打好腹稿。

10．要学会“没话找话说”。

课后练习

回答问题（每组准备 7 分钟，每题回答用 2.5 分钟）

第一组：

1. 请介绍一下你的周末生活。

2. 有人说，吸烟对健康不好；有人说，少吸一点不会影响健康的。请谈谈你对吸烟的看法。

第二组：

1. 如果现在具备一切条件，你最想做的是什么？

2. 你认为现在的世界要保持和平，最重要的是什么？

第三组：

1. 请介绍一下你和你的家人的爱好。

2. 你认为对一个国家或民族来说，教育的重要性体现在哪些方面？

第四组：

1. 请你说一说你长期居住的一个地方的环境状况。

2. 对发展中国家来说，是应该先保护环境还是应该先发展经济？请谈谈你的看法。

第五组：

1. 你喜欢动物吗？请说说你和动物之间发生过的一些事情。

2. 有人说，动物是没有感情的，人类可以利用动物来满足自己的需要；有人说，动物是有感情的，人类应该尊重动物的生命和权利。你是怎么认为的？

（参考回答示范录音 03-5-3）

第5课练习参考答案

练习（一）

1. 请介绍一下你在自己国家所居住的城市。

我来介绍一下我在自己国家居住的城市，日本的京都。

京都位于日本的中部，是个有山有水，风景美丽的地方。京都的生活水平相当高，交通也很方便，新干线、地铁、公共汽车，什么都有。虽然京都是大城市，可是周围也有很多农场，所以在京都可以吃到很新鲜的蔬菜和水果。京都的茶叶也是很有名的，专卖茶叶的店不少，男女老少都喜欢用茶叶做的各种抹茶口味的食品。

在古代的时候，京都是日本的首都，是政治、经济、文化中心，所以留下了许多文化遗产，我们从中可以看到日本悠久的历史和文化。在市中心，我们经常可以看到很多穿着日本传统服装“和服”的人。可以说，京都是日本文化的起源，是象征日本文化的地方，所以它吸引了很多人的兴趣，可以说在日本的城市中是最受外国人欢迎的地方之一。

当然，日本人也很喜欢来京都旅游。京都的旅游旺季是春天和秋天。春天可以看到灿烂的樱花，秋天的时候又可以看到鲜艳的红叶。这些优美的风景让人入迷，用语言很难把它表达出来。在京都有很多值得去看的地方，所以旅游业是京都经济的中流砥柱。

欢迎你来我的老家京都旅游！

2. 有人说，玩电脑游戏可以锻炼大脑的反应能力；有人说，玩电脑游戏完全是浪费时间。你对这个问题怎么看？

我觉得玩儿电脑游戏完全是浪费时间。一个人玩儿电脑游戏哪儿有什么价值呢？跟电脑说话好玩儿吗？我们可以跟电脑交朋友吗？

人生的时间是有限的。如果你每天花两个小时玩儿电脑游戏，那算起来，在你的人生中花在玩儿电脑游戏上的时间就多得数不过来了。我不想把那么多宝贵的时间交给电脑游戏。我常常在地铁上看到很多年轻人玩儿电脑游戏，每次看到这样的人，我就想，如果他们把玩儿游戏的时间用来读书，那这个人的人生会改变多少啊！

有人说玩儿电脑游戏可以锻炼大脑的反应能力，可是我觉得要锻炼大脑的反应能力的话，采用其他的办法会更好。比如说，运动呀，学习呀，跟朋友一起聊天儿呀，等等。这样的话，我们在锻炼大脑的反应能力的同时，能够获得的东西也会更多。

汉语有句俗语说:“一寸光阴一寸金，寸金难买寸光阴。”

我们应该珍惜时间，要用宝贵的时间来做让自己成长的事情。

练习（二）

1. 如果跟别人之间发生了误会，你一般会怎么做？

我小时候发生过这样的事情。

那件事发生在我和我的朋友之间。在我的铅笔盒里有一支圆珠笔，是前一天妈妈刚送给我的，我非常高兴地带着它去了学校。没想到我的朋友一看到我铅笔盒里的笔，就生气地对我说“这支笔是你偷的吧？”我大吃了一惊，不知道她在说什么呢。听了她的话我才知道，原来她也有一支跟我一样的圆珠笔，可是她的笔现在丢了，所以她以为是我偷了她的。这件事完全是误会，我当然不可能偷她的笔。所以我冷冷地跟她说:“这不是你的，这是我妈妈昨天刚刚送给我的！”

虽然我因为被朋友看做小偷儿而心里很难过，可是我没有做什么亏心事，所以我跟她好好地解释了。她听了我的话，知道我没偷她的东西，所以她跟我说了“对不起”。后来，她回到家，在家里找到了自己的圆珠笔，就跟我联系了。“对不起，我这样说你真的很不好。”我们俩的误会就这样完全消除了。

生活中误会常有发生，我觉得这种时候很重要的是态度。如果发生了误会，应该先好好沟通一下，这样误会也会慢慢地消除的。我们是人嘛，如果多交流、多沟通，那对方了解了真实的情况后一定会相信我的。

2. 你认为在选择大学的专业时，应该考虑哪些重要因素？

我认为，大学期间的专业选择对于一个人的一生有着十分关键的影响，甚至可以说能够起到决定性的作用。

大学的四年是一个人的人格及世界观形成的关键时期，也是成熟人生的开端。因此，对于专业的选择不可大意。我认为在选择专业时，既要有近期的考虑，更要有远期的规划。首先应当考虑的因素当然是应该以个人的兴趣爱好作为侧重点。因为如果一个人对他所要学习和探究的事物不感兴趣的话，自然就无法做到能够全身心地投入。其次，在考虑到兴趣爱好的同时，个人未来的工作方向和发展规划也应列入考虑因素之中。有句话说得好，“人无远虑，必有近忧。”也就是说，如果你在选择专业时不想得远一些、细一些，那么以后在选择职业时就会遇到各种各样的麻烦。第三，我认为我们在选择专业之前，还应该确立学习的出发点，知道自己现在在做什么，以后想做什么。综上所述，在选择大学专业时，应结合这三者，有效并且务实地选择大学专业，这样才能为今后的学习和工作奠定良好的基础。

课后练习

第一组：

1. 请介绍一下你的周末生活。

周末想必是大家在一周里最期待的日子。我说说我在马来西亚过周末的情况。

因为我是基督徒，所以在一般的情况下，我每个周六都会到教堂去参加聚会，一直到下午才会结束。教会里的活动很丰富，除了平常的聚会，我们会有唱诗班的练习、青年集会等项目。每次结束活动回到家里，太阳都快落山了。到了晚上，我喜欢沏一杯好茶，再捧上一本好书，坐在沙发上慢慢享受，我觉得再也没有什么时候能比得上这一刻了。

周日是我自由活动的时间，我会先处理一些平日没时间做的事，比整理自己的屋子、给鱼缸换水、傍晚的时候去跑跑步等。我还会给我家的两只猫咪洗澡。这两只坏东西，每次洗澡的时候都好像要跟它们打架一样，一定要弄得我一身水它们才高兴。除了以上那些，有的周日我还会跟朋友出去聚会，到咖啡厅喝茶聊天儿，再不然就是和我弟弟去看电影。马来西亚的电影票特别便宜，差不多花人民币20块就能观赏一部好电影。另外，周日我和爸妈还一定会去奶奶家吃晚饭。奶奶特别期待我们到她家里去，常常会准备一桌子佳肴，不让我们吃撑不甘心。在奶奶家吃过晚饭，我的每个星期的周末，就这样结束了。

2. 有人说，吸烟对健康不好；有人说，少吸一点儿不会影响健康的。请谈谈你对吸烟的看法。

对我来说，吸烟不管是多吸还是少吸，只要是吸了，就会对健康造成一些危害。有人说吸烟有提神的作用，我说咬一口柠檬也能达到提神的效果；有人说吸烟能够舒解压力，我说到屋外狂跑10分钟，绝对暂时想不起那个你不想面对的压力，而且还不用花钱。我觉得，用辛苦挣来的钱，去换一根根让自己慢性中毒的香烟，是极为不明智的。很多人抱着侥幸的心理，觉得别人抽烟没事，自己抽烟也会没事，殊不知往往都是因为这种心态，才让自己踏入这个万丈深渊，轻者当一辈子的烟奴，还会以二手烟来危害亲密的人的健康；重者不止赔上自己的身体，还会累及亲人，然后再掏出一笔钱收拾所留下的医疗账单等残局。

总之，在我看来，吸烟就好像在给自己慢慢地套上一个枷锁，当自己发现的时候，这个枷锁已经锁好了，再也挣脱不开。除非能够以非常坚强的意志把它戒掉，否则一辈子都必须在自己的工资中腾出一笔钱，去换取这个慢性毒药。所以我坚决认为，抽烟是有百害而无一利的。

第二组：

1．如果现在具备一切条件，你最想做的是什么？

如果现在具备一切条件，我最想做的事情就是背起行囊，把这个世界的每一个角落都踏遍。我会放开现在的一切，投入世界的怀抱。我想去马尔代夫，在那如水晶般清澈的大海里畅游；去埃及看依然是个谜的金字塔，感受千年以前法老的英姿；还要到快要被淹没的威尼斯，听摇船的船夫唱歌；再到秘鲁的森林去，探索已经没落的马丘比丘……在旅途中，常常会发现很多意想不到的事物，看见不同的风景，认识不一样的人，往往会给人很多收获。在旅途上，也必须学会如何保护自己、安顿自己，不能再像在家里一样放松。

从以往的经验来看，我每结束一次旅行，都会学到一些新知识。不久前我去了越南，才发现原来人人都说好看的仙女溪，也不过就是一条普通的小溪，没什么特别。通过旅行，我学会了不要对别人给某件事物所做的评价给予绝对信任，而应该以此作为参考，等自己去验证后再发表自己的看法。大家都说马尔代夫的大海漂亮、埃及的金字塔壮观、威尼斯的水上城市很浪漫、没落的马丘比丘很雄伟，对这些我都迫不及待地想去验证一番了。

2．你认为现在的世界要保持和平，最重要的是什么？

首先我认为，对于当今世界来说，保持和平是非常重要的。只有在和平的环境中，每个国家才能够发展，人民也才能过上幸福的生活。

其次我认为，世界要保持和平，最重要的是人们的心态，而人们的心态则常常取决于每个国家的媒体，尤其是主流媒体报道新闻的态度和方式。也就是说，我认为媒体的宣传什么和怎么宣传，会直接影响到国人的心理。比如，A国和B国闹矛盾，A国的媒体把这件事进行大肆宣扬，再加上一些激烈的、带有煽动性的言辞，弄得国内举国共愤，誓死要跟B国同归于尽；相反，B国的媒体则采取比较平静的态度，尽量淡化这件事情，没有在媒体上大肆宣扬，所以在B国国内并没有掀起任何波澜，大家还是平平淡淡地过着每一天。A国的国人在那种情况下已经处于高度紧张的状态了，而B国的国人依然平和地过着日子。等这场风波一过，原本对B国抱着“不是你死就是我亡”的A国人，也就都销声匿迹，偃旗息鼓了。而造成这种情况的，不就是两国媒体不同的态度和宣传方式么？所以我认为，作为有影响力的媒体，应该灌输给国民爱好和平的意识，而不是引发他们亢奋的极端思想。所以我觉得，要达到世界和平的目标，首先要从各国的媒体开始，通过他们去给本国的人以积极、良好的影响。

第三组：

1. 请介绍一下你和你的家人的爱好。

我和我家人的共同爱好是看电影。每到周六，我们全家人一起去电影院看电影。这也是我感到最幸福的时光，既可以跟家人在一起，又可以欣赏电影。

除了看电影以外，我和我家人都喜欢运动。虽然我们都喜欢运动，但是喜欢的项目有所不同。我喜欢游泳，我弟弟喜欢踢足球，我父母喜欢打高尔夫。我们有时候一起打乒乓球和保龄球，一边运动一边聊天，其乐融融。

我们还有一个共同的爱好是旅游。我们一家人都喜欢去别的地方旅行。有空就一起去国内和国外的旅游景点。这样一来，既可以跟家人一起放松散心，又可以了解那些地方的风景和文化，真是一举两得的好机会！

我认为一家人具有共同的爱好是一件很幸福的事情。一边感受家人的温暖，一边娱乐，一起度过很愉快的时间。

再说说我奶奶的爱好。我奶奶的爱好是煮菜。她每天煮菜给我们吃。她说她煮菜的时候感到很幸福，尤其是我们吃她煮的菜时都说很好吃的时候。所以每次到奶奶家去我也会感到幸福，很快乐！

我奶奶还有一个爱好，就是种植物。她家的小花园里边全部都是她种的花。一进到花园里，一股清新的花香扑面而来，沁人心脾。再一看，一个个花朵色泽艳丽，五彩缤纷。在奶奶的花园里待上一会儿，能让人感觉到生活是那么的美好！

以上这些就是我和我家人的爱好。

2. 你认为对一个国家或民族来说，教育的重要性体现在哪些方面？

我认为对一个国家或民族来说，教育是非常重要的，主要体现在以下几个方面：

第一，文化和历史方面。文化与历史是小时候必须要学的东西。要认识自己的国家或民族，不了解文化和历史是谈不上的。因此，小时候一定要教孩子学习文化与历史。

第二，人格方面。父母是我们的第一任老师。孩子小的时候，跟父母的接触是最多的。所以孩子的一切都是在模仿父母。父母说脏话的话，孩子会跟着学说脏话；父母是用暴力解决问题的人，那孩子也会跟着父母变得暴力；父母爱读书，那孩子们也会爱读书；父母通情达理，孩子也会讲道理。每个人的人格都跟小时候的教育有关系。因此，想培养好孩子，那就得从小好好教育他们。

第三，价值观方面。我们上学校的时候学很多种知识，同时在跟同学们交流的时候不知不觉地学会了处理人际关系；另外，听从老师的教育、遵守学校的规矩等也都是准备进入社会生活的一部分。我们在学校里不仅获得知识，还可以学会做人。所以在我们上学的时候是形成价值观的重要时期。

第四，语言和行为方面。在北师大的校训“学为人师，行为世范”中，提出有修养的人的行为可以成为世界的模范、典范。有修养是人们恰当地使用语言和行为的基础。而修养是通过受教育获得的。因此，正确的语言和行为也是可以通过提高修养获得的。我们常常可以通过人们的语言和行为是否有修养，来看出他们的教育背景。

第五，做事的能力方面。什么问题需要处理、怎么处理、谁来处理等这些问题是做好事情的基本要素。培养这些能力也是需要从小教育的。

每个国家和民族都是由一个个的个体构成的，只有提高了每个个体的素质和水平，那么这个国家和民族才更有希望。

第四组：

1．请你说一说你长期居住的一个地方的环境状况。

我长期居住的地方，从大的方面来说就是北京，从小的方面来说是学校。我首先说说北京的环境状况。

我在北京住了四年，我觉得北京的环境越来越好。虽然空气污染还是挺严重的，但其他方面都很好。比如交通方面，每一年都有新增加的公交车和地铁路线，出门很方便。还有四年以来，北京人遵守交通规则的意识越来越强烈了。

在饮食方面，北京不仅有自己的特色饮食，而且还有全国各地、各种风味的食品，甚至世界上其他国家的饮食也都可以在北京找得到，种类非常丰富，可以让你大饱口福。

在治安方面，北京还是比较安全的，学校和住宅周围都有派出所，有问题可以随时找警察。

其次，我再说说学校的环境。学校宿舍的附近有银行，办理各种业务都很方便，附近还有公交车站和地铁站，到处都可以去。

学校周边的餐厅，从有中国特色的麻辣烫、麻辣香锅、包子、成都小吃到韩餐、日餐、西餐等等，选择的余地很大，可以在一个月中，每天每顿都不重样。

学校宿舍的后边还有个公园，绿化得不错，尤其是一到春天，花红柳绿的。早上有很多人打太极，晚上很多人出来运动。治安方面也没问题，宿舍的楼下有保安，很安全。

这就是我长期生活的地方的环境状况。

2．对发展中国家来说，是应该先保护环境还是应该先发展经济？请谈谈你的看法。

这个问题确实很难处理，大家也有很多不同的看法。我个人认为，对于发展中国家来说，保护环境和发展经济应当同时进行。虽然经济的快速发展势必会破坏环境，造成无法挽救的恶劣影响，例如空气污染、水资源污染和乱砍乱伐等，但是这些影响在社会发展过程中是无法避免的。发展经济对发展中国家的人民来说，也是非常必要的，我们不能因噎废食。发展中国家可以在经济得到发展之后，把更多的资金投入到治理环境的工程中去，让环境逐渐地好起来。

可话虽如此，我们也不能因此就无止境地消耗大自然对人类的恩赐。我们现在能做的就是，一方面最大限度地减少对自然环境的破坏，另一方面，政府职能机构要制定有效的监管机制，并且通过宣传教育提高人民大众的环保意识，这些才是经济快速发展时期的当务之急。否则，当自然资源被人类无限度地消耗殆尽之后，面对不可再生资源的枯竭和已经被污染的环境，人类将悔之晚矣。

要协调好发展经济和保护环境之间的关系，使它们保持在一个平衡点上，这是对发展中国家决策者的巨大考验。

第五组：

1. 你喜欢动物吗？请说说你和动物之间发生过的一些事情。

我很喜欢动物。也曾经养过好几只小宠物，虽然我最喜欢的动物是犬类，但给我的印象最深刻的却是来自远方的两只印度星斑陆龟。

记得我妹妹那天让我看两只小陆龟的时候，我就很不高兴地批评了她一顿，因为我认为乌龟不是宠物，而是野生的，更何况这两只龟是来自印度热带地区的陆龟，要把它们养好是一件不容易的事。虽然新成员的到来让我有点郁闷，但是它们毕竟是我妹妹买来的，所以照顾好它们也是我的责任。我妹妹给它们起了名字，大的叫丹丹，小的叫可乐。从那以后，我开始每天一回到家就要先跑到妹妹的房间去看它们，天天在网上搜索关于饲养印度星斑陆龟的方法。我发现适合它们生活的环境温度是20—30度，在季节交换之际要多注意，所以我特地买了台灯，有灯光的温暖，它们应该更舒服一些。除此以外，我还给它们准备了切成小片的黄瓜、空心菜等等。没想到，一个月过后，它们就不经常走路，也不怎么吃我给它们投喂的黄瓜了，还常常整天睡觉，睡得很沉很沉，像死了一样。这下我和妹妹开始着急了，觉得它们俩肯定有问题了。在我的强烈催促下，我妹妹决定要带它们去见兽医。记得那天，我小心翼翼地把它们放在我的手掌中，轻轻地摸着它们的四肢，并在心里暗暗地为它们祈祷，希望它们会没事。看到它们傻傻地睡在箱子里几乎没有什么反应后，我不由得热泪盈眶，觉得它们很可怜。检查过后的结果不出我的预料，医生说他们生病了，原因是生活环境不良，有轻微的脱水状况，而且黄瓜一般含有很多农药成分，引起龟消化不良，导致龟患肠胃病和肾结石病，须住院检查。我当时想，只要它们不死怎么都可以，没想到过了三天却接到了医生的电话，说可乐已经死了。那时我真不知道该用什么样的话语来形容我的感受，心里真是既后悔又难过。它无缘无故地被人们从它们母亲的怀里、从它们的家夺走，好不容易来到异国他乡，结果却被一个根本不知道怎么养它的人买下来了，真的是命苦啊！又过了三天，我妹妹又接到了医生的第二通电话，说丹丹也死了，并问我妹妹是否可以把它们的尸体捐给医院做解剖实验，我们答应了。

从那儿以后，我下定了决心，再也不会养任何野生动物了，因为它们是属于自然的，让它们在自然的怀抱里长大，才是爱它们的最好方式。

2．有人说，动物是没有感情的，人类可以利用动物来满足自己的需要；有人说，动物是有感情的，人类应该尊重动物的生命和权利。你是怎么认为的？

我从来没想过会有一些人很自私地把"没有感情"这四个字来形容与我们共同生存在这个地球上的动物，因为我一直相信就算人的大脑再发达、人的物质生活条件再优越，我们仍然没有权利利用动物甚至剥夺它们的生命来满足自己的需要。有些人总是自以为是，认为人类就是世界上最强大、最了不起的动物，所以往往会用一种偏激的思想，用"物竞天择，适者生存"的理论来说明人利用或杀害动物是理所当然的事情；但是他们忘了，动物是有感情的，它们跟人一样爱自己的孩子和朋友，虽然动物不会用语言来描述自己的感受，可它们跟人一样能感到撕心裂肺的痛苦，知道失去家庭甚至本属于自己的自由是什么样的感觉。人们在社会中与别人相处的时候常常注重将心比心、换位思考之道理，难道我们就不能对动物也是如此吗？动物也是一个小生灵，我们凭什么说动物的大脑没有我们发达，所以它们应该受制于人类？凭什么让动物把它们所爱惜的生命献给我们？

人类的确比动物聪明，可以说在语言、文化、智慧等方面动物远远无法与我们相比，但是正因为我们比他们聪明、比他们懂得是非对错，所以我们非但不能任意去伤害它们，还要保护那些受到人类摧残的动物。我深深地认为，每一条生命都是平等的，生命本来就没有高低贵贱之分。我们应该做的是给这些动物一点爱心，让人类和动物在这个地球上能够很和谐地共同生存，这不仅仅是为了它们，而更是为了我们自己。如果动物真的在地球上绝种了，那么人类还能活多长时间呢？

第 6 课 第三部分 回答问题 2

考点与难点（三） 语言表达得体、流利，保持连贯的语流

● 说明

就口语考试而言，不管什么题型，发音还是最重要的元素。衡量高级阶段语言水平的高低，有两个重要的标准，就是得体性和流利性。而对于考查高级阶段考生的口语水平来说，这两个方面同样也是非常重要的标准。

得体性是指在交际中能用符合目的语文化习惯的语言进行交际，并能对操该目的语的本族人的语言交际作出正确的理解和反应。得体性的前提是正确性。但有时候语言表达正确，却未必得体。所以，能做到既正确又得体，那就是语言学习的一个很高的境界了。

语言的得体性主要决定于对操该目的语的民族的文化的理解和把握。汉语口语跟汉语的书面语一样，包含着十分丰富的文化内涵，这个文化内涵包括两个方面，一个方面是社会文化，即由历史的积淀而形成的民族信仰、道德观念、价值取向、审美意识、思维方式等；另一个方面是语言文化，是指那些以语言为载体的文化，它们主要隐含在汉语的语音、语法、词汇、语用系统中，比如中国特有的称呼、亲属称谓、敬语、谦辞、成语、俗语、习惯用语等。对“社会文化”的掌握决定了在特定的交际场合“说什么”才是得体的；对“语言文化”的掌握决定了“怎样说”才是得体的。

与书面语一样，口语表达的流利性也是指语言运用的熟巧程度。新 HSK 对流利性的考查，主要是通过对语速的定量控制体现出来的。比如在书写考试中，要求考生在 35 分钟之内写出 400 字左右；在 HSKK(高级) 考试的第一种题型“听后复述”中，要求考生在 8 分钟内听并复述三段内容；在第二种题型“朗读”中，要求考生 2 分钟之内朗读 250 字左右的短文；在口语考试的第三种题型“回答问题”中，流利性又是通过什么来进行考查的呢？流利性首先要建立在“准确”的基础上，就是考生在使用目的语时的语音语调和语法的准确性要高。在这个基础上，主要是通过考查考生是否能用正常的语速通顺连贯地把想要说的内容表达出来，有没有不恰当的语音停顿、重复和过多的语法失误来确定这个考生口语的流利性程度的。如果语速过慢，语音问题多，语句不够通顺连贯，不恰当的停顿过多，停顿时间过长，或对同一词语进行多次重复等，都表明考生使用目的语进行思维和表达还有困难，对目的语的掌握也还没有达到熟巧的程度，从而影响了口头表达的流利性。

考生在回答问题时，出现语流不连贯，断断续续，结结巴巴的情况，除了停连不

当、重复过多的原因外，还有一个更深层次的原因，就是还没有让从“想”到“说”形成一个连贯顺畅、合为一体的完美过程。

我们知道，对于口语表达来说，从脑子里“想”到用嘴“说”出来，是需要有一个转换的过程的。“想”为正确表达提供了必要的条件，但口语是靠流动不息的“语言链”表达意思的，这种前后连贯、相对完整的“语言链”就是“语流”。表达能力不强而又缺乏训练的人，在语出于口的短暂瞬间，如果言语知觉迟钝，内部语言编码不顺，动态语境适应能力薄弱，“语料”跟不上话语产生的瞬即性，说话时就会吞吞吐吐，前后脱节，说半截子话，说“车轱辘话”了，或者“这个这个”“那个那个”“嗯嗯”“啊啊”地好半天，出现语流断档。

这种语流不畅是常见的语言现象，考生通过练习是可以加以矫正或改善的。考生主要要从以下两个方面去加以注意：

1. 语流的形成需要灵敏的言语知觉。

“言语知觉”是指人在接受外界刺激后的言语反应。即兴口语能力较差的人有一个共同的弱点，就是表达者很难快速地把看到的、听到的客观事物，或脑子里想到的意思，很顺畅地说出来，从脑子里“调取”语料困难，言语反应总是要比别人“慢半拍”，言语生成常常受阻。有的时候，甚至会突然出现言语知觉的短暂茫然，就是所谓的“脑子里一片空白”。这些，都是言语知觉不够灵敏的表现。

2. 运用“言语回映”的方法强化言语知觉。

所谓“言语回映”，就是让我们用语言快速地说出所见所闻和所思所想，就是口语的回映，基本不走样地做出表述，就像一面镜子可以准确地回映物体、回映光线一样。具体的方法有：

闪像讲述。在屏幕上播放图像，闪现3—5秒，画面的复杂程度可以视考生的水平而定，先从简单的看起，有了进步后，再渐渐变得复杂一些。要求考生立刻说出所看到的内容，包括画面的情景、形态、方位、色彩、含义、意境等，讲得越细致越清晰越好。做这个练习，要求考生有稳定的专注力，这样才能看得清楚，看得详细。

词语发散。围绕着某一个词语，快速思考和生成语言，说出一段完整的话。比如，“悠闲”，你可以这样来说：“悠闲是一种很舒服的状态，我很喜欢悠闲。我最悠闲的时候就是周末，那两天没有课，也没有别的工作，让我觉得非常悠闲。当然，在紧张了一段时间后，悠闲会让我们感到轻松、愉快，但如果一天到晚无所事事，那种悠闲就有问题了。”这个练习重在“快”，让思维和表达同步进行；同时，也要做到脉络清晰，符合逻辑。

连缀词语。给出2—4个词语，通过快速思考把它们连缀在一起，形成一段口语表达。比如“教育、自然、拔苗助长”，你可以这样来说：“教育孩子是一门学问，做家长的应该好好学习和思考。孩子的成长有自身的规律，我们不能违反这种自然规律，采用拔苗助长的方法来教育孩子，而应该顺应自然，按照孩子不同时期的特点来教育孩子，这样才能取得好的效果。”

用一个词语回答问题。老师说出问题，考生快速用一个词语来回答，这也可以锻炼快速反应能力。比你的性格特点是什么？——温和；你最喜欢的颜色是什么？——绿色；你为什么学习汉语？——有意思；你觉得人类应该怎样对待动物？——尊重。

快速组词和说出相关词语。比如，快速说出10个有“吃”这个语素的词语；说出包含“一”的成语；或者说出某个词语的近义词或反义词，等等。

这类言语回映练习一可以很好地锻炼考生的反应能力，让思考与语流变得连贯起来。

● 常见错误

1. 对所用词语的意思理解不正确，从而造成使用错误，影响了得体性。

2. 有些词语使用语境不当，或不符合一般的习惯，影响了得体性。

3. 人称、比喻、句式等使用不恰当，使得表达不得体。

4. 对中国文化的不正确理解，或者缺乏所需的理解，造成表达不得体。

5. 语句缺乏连贯性，不适当的停顿和重复过多，或者停顿的时间过长，都会使考生口语表达的流利性大打折扣。

6. 语流不连贯，常常中断，语言生成缓慢，与思维之间有时间差，不能不同步进行。

● 应试策略与技巧

1. 充分重视对词语和句式中的文化因素的理解，特别是要正确掌握成语、俗语、惯用语等的褒贬色彩。

2. 不熟悉的、没有把握的词语和句式尽量不用，这样可以避免相当一部分失误。

3. 多学习和了解中国的历史、文化、社会、政治等各方面的知识和情况，不要仅仅停留在对语言的掌握上。

4. 平时采用熟读课文的方式可以有效地提高口头表达的流利性，提高语感。

5. 必要时，应该背诵一些句子或段落，记忆一些词语和句式的正确语法，这样可以使你的表达更加连贯和流利，因为这样既可以保证正确性，又可以节省思考的时间。

6. 采用前面说明中提到的几种练习快速生成语言的方法，平时多加练习。

练习（一）

一、讨论下面两个问题，并列出提纲。

1. 你认为什么样的生活是幸福的生活？
2. 有人认为，传统的大家庭比较热闹；也有人认为，小家庭比较和谐。你对这个问题怎么看？

二、回答以上两个问题。（每个问题用 2.5 分钟）

（参考回答示范录音 03-6-1）

考点与难点（四） 选用合适的表达句式

• 说明

前面已经说过，HSKK（高级）第三部分的两个问题具有不同的性质和特点，要求考生能够根据具体情况进行回答。为了使答案更符合题目的特点，有时候考生可以选用一些专门的表达方式。对于第一个问题来说，多用符合叙述语气的句式就可以了，可选择的余地比较大；而回答第二个问题时，考生就需要有意识地使用一些能突出“议论”特点的表达方式了。

叙述和议论的表达方式是多种多样的，下面介绍一些常用的句式。口试时有意识地使用这些句式，可以使你的语言显得更有味道。

一、在叙述时，我们常常需要用“开场白”来使叙述更加生动、自然。常用的开场白有：

1. 有人说……

   俗话说……

   常言道……

   古人云……

   中国有句古话，……

   有这么一句老话，……

   有这么一种说法，不知道你听说过没有，……

2. 我发现……

   我碰见（遇到）过这么一件事……

   有这么一种情况（现象），不知你注意到没有，……

3. 我们都知道，……
大家都知道，……
众所周知，……

4. 你一定听说（看到）过……
你一定学习（去／做／到……）过……
据统计（说／报道／调查／研究……），……
你知道（听说过／见过……）吗？
（说起来）你可能不信，……

二、叙述时，可以用以下词语来表示假设或想象：

1. 如果……，就……
要是……，就……
假如……，那将会……
假使……，那么……
要……那……
如果（要是）……的话，那……

2. ……，就……
……就好了，……
……，如果（要是／假如）……（的话）。

3. 除非……，（要不／否则）……
……，不然（要不／要不然／否则）……
要不是……
万一……
但愿……

4. 让我们来假设（设想／想象）一下，……
让我们充分发挥想象力，……
不难想象，……

三、在叙述、谈论某种情况时，常常需要使用下列两类句式：

1. 回忆或回顾
在……时代
在……年代
（在）……时候
那时候，……
当……（的时候），……

在……的那一年，……

在……的那一段时间，……

在……的那一天，……

2. 停顿与强调

应该承认，……

说实在的，……

说实话，……

说真的，……

依我看，……

不瞒你们说，……

其实，……

四、在各种形式的表达中都会使用到比较的方法，常用的句式有：

……比……（+ 形容词）+（多了；百分之……；一点儿；一些；得多）

跟（和；同）……一样（不一样）……

跟（和；同）……相同（不同）……

有（没）……+ 形容词 / 有（没）……那么（这么）+ 形容词

像（不像）……那么（这么）……

……不如……/……比不上……

……不比……+ 形容词

越来越……/ 愈来愈……

一……比一……+ 形容词

一……赛一……（+ 形容词）

跟（和 / 同）……相比，……

跟（和 / 同）……比起来，……

比起……来，……

五、议论首先就是要把自己的观点清楚明白地表达出来。在阐述观点、发表见解的时候，常常可以使用下列的句式来谈自己的看法、举例阐述、进行进一步说明，或归纳、总结自己的观点：

1. 我（我们）认为……

我（我们）以为……

我觉得（看；想；感觉）……

我的观点（看法；意见；想法）是……

我有这么个想法……

我是这样想（看）的，……
我个人的看法（意见；想法；观点）是……
我个人认为（以为）……
我有个不成熟的想法……
我对……问题的看法是，……
对……，我的看法是……
关于……的问题，我的观点是……
关于……的问题，我是这样想（看）的……
2. 比如（例如），……
比如说……/ 比方说……
举个例子……/ 打个比方……
就拿……来说，……/ 就说……吧，……
像……，……

3. 或者说……
也就是说……
换句话说，……
换而言之，……
简而言之，……
说白了，……
我的意思是……
我是说……

4. 关于……，我是这么想（看）的，……
要我说呀，……
依我看，……/ 如果是我的话，……
这么说（看）(起）来，……
你想想，……/ 你想想看，……

5. 从……方面来说（来看），……
就……而言（来说；来看），……
就总体而言，……/ 总的来看（来说），……
从……角度说（看），……
从长远来看，……

6. ……，再说，……
……，再则，……
……，况且，……
……，更何况……

7. 确实，……/ 的确如此，……
   据调查（统计 / 估计……），……
   我们应该看到，……
   我倒不这么认为，……
   这么看虽然也有道理，但是……
   这样做好是好，但是……
   退一步说，……
8. 一方面……，另一方面……
   第一……，第二……，第三……
   首先……，其次……，再次……，此外……
   一来……，二来……
   一则……，二则……
9. 总之，……/ 总而言之，……
   可见，……/ 由此可见，……
   说到底，……/ 归根结底，……
   我相信，……/ 我坚信……

● 常见错误

考生掌握的句式不够多，也不懂得有意识地通过使用有特色的句式也表现内容。在回答叙述性或介绍性问题时，过多地或者不恰当地使用表达观点的句式；在回答说明性或议论性的问题时，却又没有有意识地使用表达观点的句式，而只是使用一些叙述时常用的句式。

● 应试策略与技巧

考生可以把上面列举的这些句式看一看，读一读，并通过练习尽量多记住一些，考试时有意识地多使用符合问题性质和特点的句式，这样可以使答案更具有针对性，更符合题目的特点和要求。

练习（二）

一、先讨论下面两个问题，并列出提纲。

1. 说说你跟网络之间发生过的故事。
2. 网络的发展给我们的社会和生活带来了哪些影响？如何看待网络带来的问题？

二、回答以上两个问题。（每个问题用 2.5 分钟）

（参考回答示范录音 03-6-2）

实例分析

下面用转写的方式呈现四个学生回答问题的答案。题目是HSKK（高级）样卷的第三部分即“回答问题”的第6题，并进行分析评述。

● 题目

6. 有人认为辩论可以让双方取得一致的意见，有人认为辩论会使双方更对立。你怎么看？（2.5分钟）

★实例1

● 学生答案（转写）：

开始辩论的情况下，（停顿）前提有、已经有了矛盾的，比方说，我们上课是，（停顿）竞争是（停顿）好事还是坏事，这样的话题上，我们开始辩论，虽然真正有、有时、有、有时候我……嗯……给我们好、好事，不过好、有时候给我们坏事，所以我们辩论完的时候，我们终于，（停顿），决不、决不定、决定不了到底是竞争是坏事还是好事。所以我从这个例子来说，辩论可以、可以让双方觉得，一（停顿）一致的意见，至少（停顿）、至少（停顿），除了对立以外，给我们别的东西。而这个例子运用现实的生活来说，我们生活中常常遇到跟别人之间矛盾，那时候我们怎么办呢？（停顿）其实我们，我虽然自己感到很不舒服，那时候我们犹豫（？），可是有时候直接对别人说自己的烦恼，我们才能理解对方的想法，对方的意见。国际交、交流也一样的。虽然我们、我们长大的地方、我们住的地方、我们学的东西，我们……

● 分析

这段答案先是针对着“辩论”来说的，但是逻辑有些混乱。考生先说“辩论结束时，不能决定竞争是好事还是坏事”，但又接着说，“辩论可以让双方觉得一致的意见”。这是互相矛盾的。

这段话后面的部分，说到“在生活中常常遇到跟别人之间有矛盾”，这个情况跟“辩论是否能够取得一致意见”不是一回事，考生跑题了。

另外，这段表达停顿和重复都比较多，语法错误也比较多，发音的问题也不少。到结束时，也没有说完，缺少结束语，使这段话显得不够完整。

出现这些问题，究其原因，最主要的还是考生的整体口语水平还不够；另外，从题的难度来看，前面我们分析过，这个问题要求考生做出理性的思考和分析，在难度上大于第一个问题，对考生的要求也更高些，需要考生多加练习；从具体操作的层面来讲，跟考生准备得不好也有关系。10分钟的准备时间，要准备朗读和回答问题，考生一定要分配好时间，这样才能把内容都准备好，从容不迫地回答问题。

★实例 2

● 学生答案（转写）：

有人认为辩论可以让双方取得一致的（？），有人认为辩论双方更对立，我觉得两个都重要，但是，先常常对立，然后又达到一个一致的意见，我觉得这个最好的。如果，取得一致的意见，我觉得这个是不能进步；我觉得常常讨论，看别人的方法，还有，对这样的意见有什么反对，这个、那个部分什么不合适、不好的，这样的（？）的话，一定找到新的方法。还有应该讨论长时间，短时间（停顿）决定的意见是一定有一个（？），所以呢，我应该辩论会使双人更对立的。

● 分析

这段话的问题比较严重，主要有以下几点：

1. 没有说够规定的 2.5 分钟的时间，考生不会展开内容，没有话说。

2. 发音不仅不准确，而且有些地方还模糊不清，好几个地方听不清楚。

3. 语法错误多，意思表达得不清楚，有些句子让人不知所云。

4. 没有准确理解题目要问的问题，并且把“辩论”和“讨论”混为一谈。题目问的是“辩论能否让双方达成一致”，而考生说的是关于“讨论”的一些问题，答非所问。

以上这些问题都是我们应该注意避免的。

★实例 3

● 学生答案（转写）：

我认为这样不一定。因为这样的看法我觉得要好好说话。不要认为辩论（考生说错“辩”字）。每个人（停顿）都有自己的想法，要尊重对方，要尊重（嗯）……你跟谁说话，然后说话的时候要（停顿）想好就说，不要随便说。一句话可以让你的生活更好，一句话也可以让你的生活坏了。所以要想好就说，要想好就做，然后要听别人的。为什么要听别人呢？每个人都有两个耳朵，所以要多听，少说，因为我们有……（？），不要常常说话，要听别人的，别人的怎么样呢，然后要找自己的方法，能改自己的想法，因为就是听别人，然后呢要知道他的看法怎么样，他的想法怎么样，要找自己的。可以做到，可以达到，这样的话，可以讨论，说好好的事，可以找，（停顿），可以找很多的想法。所以第一就是好好说话，第二就是要尊重对方，第三就是要听别人的，第四就是要找自己的想法，要找自己的方法。这样的话，可以讨论好，可以说话好，可以了解自己，也了解对方，这是我的看法。所以，每个人也是可以做到，可以达到，可以达到。所以，这样的话，我觉得要听、要做，也生活很好。

● 分析

我们从这段话中可以看出，这位考生是一个心地非常善良的人，一直在说，我们要听别人的意见，要尊重别人，说话时要有好的态度，等等，这些无疑都是很对的。但问题是，这些并不是题目所问的。所以这段话的致命问题还是在于，没有理解题目的意思，答非所问，完全跑题了。

其实从一开始考生说错“辩”字我们就可以推断出，他不知道“辩论”这个词。这个词是五级词。它是题干中的关键词语，如果不知道这个词，就不能回答好这个问题。在下面的讲述中，考生没有再提到这个词语，而是替换成了“说话”和“讨论”，说明考生词汇量还是不够丰富。这直接导致了他回答的失误。再加上审题不仔细，回答的内容就更加南辕北辙了。

另外，虽然这位考生说得还比较流利，但这段话中还是有一些发音的问题和语法的错误。

★ 实例 4

● 学生答案（转写）：

嗯……问题就是：有人认为辩论可以让双方取得一致的意见，有人认为辩论会使双方更对立。你怎么看？我觉得辩论非常好，我、我跟第一个看法同意。我、（停顿）我觉得辩论可以让双方取得一致的意见。如果他的意见，嗯……不好，嗯……他就可以听一下，嗯……双方的（停顿）意见。所以，嗯……他的看法可能、可以、也可以变、变、变化。

● 分析

这位考生完全理解了题目的意思，并且做出了明确的回答：同意第一种意见。但是可惜的是准备得不够充分，所以出现了以下问题：

1. 内容过于单薄。考生不会发挥阐述，只是把观点说出来，就不知道该说什么了，以至于说的时间远远不够，不符合考试的要求。

这个问题在考生中很有普遍性，如何解决呢？建议有相同问题的考生参考“考点与难点（二）”中的“应试策略与技巧”第 7 条：要学会“没话找话说”。另外，考生在约 7 分钟的准备时间中，一定要分配好时间，并在平时多做实战练习，积累经验。准备得充分，也就不会没话说了。

2. 给出的理由不够充分，缺乏说服力。考生说同意第一种意见，认为辩论可以让双方取得一致的意见，但理由只是：听了别人的意见，也许自己的意见就改变了。只是这一个理由太弱了，不足以说明自己的观点。

3. 停顿和重复比较多，使得这段不太长的话显得不太流利，这也是没有充分准备好的缘故。考生边说边想，边想边说，思维跟不上嘴的速度，所以只有不断地用“嗯”来为思考赢得时间。这个问题也要靠平时的练习来解决。

本课小结

- **主要考点难点：**

  1．语言表达得体、流利。2．选用合适的表达句式。

- **考生常见错误：**

  1．对所用词语的意思理解不正确，从而造成使用错误，影响了得体性。

  2．有些词语使用语境不当，或不符合一般的习惯，影响了得体性。

  3．人称、比喻、句式等使用不恰当，使得表达不得体。

  4．对中国文化的不正确理解，或者缺乏所需的理解，造成表达不得体。

  5．语句缺乏连贯性，不适当的停顿和重复过多，或者停顿的时间过长，都会使考生口语表达的流利性大打折扣。

  6．考生掌握的句式不够多，也不懂得有意识地使用有特色的句式来表现内容。

- **主要应试策略：**

  1．充分重视对词语和句式中的文化因素的理解，特别是要正确掌握成语、俗语、惯用语的褒贬色彩。

  2．不熟悉的、没有把握的词语和句式尽量不用，这样可以避免相当一部分失误。

  3．多学习和了解中国的历史、文化、社会、政治等各方面的知识和情况，不要仅仅停留在对语言的掌握上。

  4．平时采用熟读课文的方式可以有效地提高口头表达的流利性，增强语感。

  5．必要时，应该背诵一些句子或段落，记忆一些词语和句式的正确用法。

  6．考生可以把课文中列举的句式看一看，读一读，并通过练习尽量多记住一些，考试时有意识地多使用符合问题性质和特点的句式。

课后练习

回答问题（每组准备 7 分钟，每题回答各用 2 分钟）

第一组：

1. 你理想中的异性是什么样的？请描述一下。

2. 有人说，男女平等是可以实现的；而有人说，男女之间不可能实现完全的平等。你有什么看法？

第二组：

1. 请介绍一个你认为是最幸福的或不幸福的家庭的情况。

2. 有一些人认为婚姻是爱情的坟墓，所以选择一辈子独身，你对此有什么看法？

第三组：

1. 请说说你在童年时期一些印象比较深的事情。
2. 你认为在教育孩子时，是严格一些好，还是宽松一些好？为什么？

第四组：

1. 请谈谈你学汉语的经历和感受。
2. 你认为大学生打工是利大于弊还是弊大于利？

第五组：

1. 请介绍一个你最喜欢的人。
2. 对于成功来说，是机遇更重要还是实力更重要？你怎么看这个问题？

（参考回答示范录音 03-6-3）

►►► 第 6 课参考答案

练习（一）

1. 你认为什么样的生活是幸福的生活？

我觉得幸福的生活首先是拥有一个充满希望的人生，所以，如果想要幸福就应该有梦想，有了梦想就有了希望，也有了寄托。一个有梦想的人，不管他的梦想是什么，总会比一个没有梦想或不知道自己想要什么样的未来的人活得更有意义，因为他会为实现自己的梦想而努力奋斗，甚至为了它去冒险。只有敢于付出，才能得到快乐。没有追求和梦想的人生就好比一艘没有舵的船，它只能漫无目的地在大海中漂浮，只好过一天算一天，这样的生活很明显是毫无意义的。

其次，我认为想要幸福，就要学会和懂得施恩和感恩。这两者是联系在一起的，学会了施恩，懂得给予他人之道，才能够懂得感恩。我觉得不过分计较得失的人；才能获得真正的快乐幸福，因为在这种人的生命中，爱往往会多于恨。

最后，我觉得"能爱人"是幸福生活的必备条件。一位作家曾经说过："我宁可有两只听不到声音的耳朵、一双看不到世界的眼睛，而不愿意有一颗不能爱人的心。"我深深地认为，"爱"是一种巨大的力量，它可以感化一切；不懂去爱别人的人，跟一个只会走路、会呼吸的躯体有什么区别呢？再说，很多人因为有了爱，才有了梦想，也才能够心存感恩。总之，所谓"幸福的生活"在我的心目中莫过于有梦想、懂得感恩、能爱人。

2. 有人认为，传统的大家庭比较热闹；也有人认为，小家庭比较和谐。你对这个问题怎么看？

以前我生活在一个大家庭中。初中的时候，我因为经常跟表姐吵架，所以一直觉得传统的大家庭真让人感到苦恼，大家虽然住在同一所房子里，但是心里总是为自己、为自己的孩子着想。当我跟表姐吵架时，我的阿姨当然要为我的表姐撑腰，而我妈妈当然会比较向着我，如果不是因为看在外公和外婆的份儿上，我早就跟表姐断绝关系了。那时候我总是恨不得今天或明天我父母就带着我和妹妹从家里搬走，我一直希望能有属于我们四个人的家，想做什么就做什么，不用考虑别人的感受。

后来我妈妈决定要买房，但是因为她很依赖家人，所以就在原来的房子的附近买了一套房。刚搬家的时候我真的很开心，终于可以独占卧室、厨房、客厅，再也不用暗暗地与任何人划清界限了。然而，那种新鲜的感觉过后，我感到生活中好像突然少了什么似的。后来我发现，我想念的是我的家人，而让我和我的亲戚结下了不解之缘的东西原来是“亲情”，不管怎么说他们还是我爱和爱我的人 。搬出来以后，虽然不用天天跟表姐斗嘴，也不用看阿姨的脸色，但是我也不能跟表妹打牌、不能帮外婆做饭，连舅婆讲的笑话都听不到了，更不用说大家在家里围成一圈一起吃火锅那种场景了。再说，有时候跟表姐斗斗嘴的确可以提高我的辩论能力。

虽然小家庭的生活让我觉得很安宁，并有了更广阔的个人空间，但是跟我所失去的相比的话，还是得不偿失的。幸亏，我们的新房子离原来的房子很近，我还可以常常去找他们玩儿。所以我现在认为，更让人感到温馨的还是大家庭。

练习（二）

1. 说说你跟网络之间发生过的故事。

随着因特网的迅速发展，世界上的人们感觉到关系越来越近了，网络的发展也给我们生活带来了很多舒适与快乐。下面我要说一下我本人在网络上经历过的事情。

我是阿富汗人。我经常在百度上评论有关我们国家的语言和我们的社会中的一些现象，对我们国家有兴趣的人可以看看，并且通过这些信息了解阿富汗的真实状况。我在网上很喜欢帮助别人解决我能解决的问题，所以我在网上认识了很多朋友。我还记得在百度上有人急需要关于阿富汗一个省的一篇论文，我就很快帮他写了一篇大概2000字的文章发给他了，他看了以后给我发了一封邮件，邮件里面说：非常感谢你对我的帮助！你的这篇论文对我们公司的帮助很大，然后他提出要给我发酬金，让我把自己的银行卡号码给他发过去。

我看了他的邮件很高兴，不是因为他提出要给我钱的事儿，而是因为我帮了一个人的忙，帮助别人会给我带来无限快乐的心情，这种快乐的价值很高，不能用钱来计算或交换。后来我们有时候还在QQ聊天。我在中国有什么事情的话他都会帮助我。我来北京大学留学以后，他一知道我到了中国，马上就来看我，而且给了我一个Ipad作为礼物，衷心地感谢我对他的帮助。以上是我在网上遇到的一个小故事，也是我的一个很难忘的记忆。

2. 网络的发展给我们的社会和生活带来了哪些影响？如何看待网络带来的问题？

网络的发展使人类社会发生了巨大变化，成了社会文明的象征。网络对人们的日常生活、社会经济、甚至国家政治等，都产生了重大影响。从网络影响深度来看，网络对人们的语言、价值观、行为方式、文化等深层次影响也在不断增强。但是任何事物都是有两面性的，网络虽然有许多优点，但也会有一些问题，利用网络干坏事的人还是存在的。有的人利用网络扩散电脑病毒，破坏电脑的正常工作；有的人利用网络窃取别人的信息，或者进行诈骗，等等。对于这些，我们应该建立法律，严格地加以禁止，让网络真正地服务于人类。

从目前情况来看，电脑网络对我们心理健康的影响涉及积极和消极两个方面。积极影响主要表现在全球联网，可以帮助我们开阔视野；海量资讯，给我们查阅和传递资料带来了极大的方便；而且社交网络也有助于建立良好的人际关系、普及心理健康知识等方面；而消极影响主要表现在有人利用网络犯罪，同时也出现了某些由网络引发的心理障碍，比如有的人因为沉迷网络而迷失了自我，整日沉醉在网络的虚拟世界里不能自拔。总而言之，网络的优点很多，但也要看每个人怎么使用，网络只是一个工具，工具本身是没有过错的，就看我们会不会很好地利用它了。

课后练习

第一组：

1. 你理想中的异性是什么样的？请描述一下。

每个人到了一定的年龄都可以选择自己的异性朋友。但是那个选来的人，必须得符合自己的理想才对。

我有时候也会和朋友们谈一谈关于我理想中的“她”。朋友们经常会说：“你的要求太高了。”而我觉得并不是这样。下面我就来说一说我理想中的“她”。

我理想中的她个子在170左右，体重115斤左右，应该是个标准的“白富美”。

另外，我理想中的“她”应该高雅而有趣，高雅的人使人尊敬，有趣的人使人喜欢；而又高雅又有趣的人，就像新鲜的水果，不但味道甘美，而且营养丰富。这就是我理想中的“她”，我把这个理想中的“她”当作我的镜子，我把这样的“她”作为追求的目标，那么我想我自己的境界也就不会太低了。为了将来能够配得上这个“高雅而有趣”的“她”，我也要提高对自己的要求，不断地学习和进步！

2. 有人说，男女平等是可以实现的；而有人说，男女之间不可能实现完全的平等。你有什么看法？

我认为对于男女之间的平等不能简单地从表面形式上来理解，就是在什么方面都追求表面上的男女完全一样。提倡男女平等是社会和文化的进步，但是这只是一个概念，我认为，实质上男女是达不到真正的平等的。这主要是因为，男女在心理和生理上都存在着巨大的差异，这种差异是自然存在的，所以绝对不可能消除。

因此，我认为男女平等应该是指人性上、人格上的平等，而不应该仅仅是指在社会分工上的平等，就是男的可以做什么，女的也一定要可以做。因为男女之间差别太大，没有可比性，因此也就不存在所谓的是否平等之类的概念了。是否平等只能是在双方各方面因素及条件都大致相同的前提下才能进行比较，经过这种比较后得到的结果也才有意义。所以说，男女平等是相对的，而不平等是绝对的，这主要还是由男女的自身的生理特点所决定的。但是，我也认为不应该因为这些差别的存在而产生任何人性上和人格上的歧视，男女在社会中应该平等相待，互相尊重。

第二组：

1．请介绍一个你认为是最幸福的或不幸福的家庭的情况。

我觉得最幸福的家庭情况莫过于一家人可以经常聚在一起吃顿饭、谈谈天。就目前情况来看，人们的生活节奏都很快，很多父母亲都忙于工作，孩子则忙于进出各种补习班，一家人聚在一起的时间变得越来越少；加上人们在青少年时期往往都是以朋友为重，很多年轻人都选择与自己的朋友为伴，甚至连假日都要和朋友聚在一起，与父母在一块的时间少了，感情也自然淡了。因此我觉得最幸福的家庭莫过于就是一家人能够经常聚在一起吃顿饭、谈谈天，谈谈彼此的生活状况，加深彼此之间的感情。

我的家庭有父母、我和弟弟四口人。在我和弟弟上小学、中学期间，我认为我的家庭是属于幸福的家庭。几乎每天晚上，全家人都会聚在一起吃晚饭，一边看看电视节目，一遍聊聊天，感觉非常温馨。但是现在我在中国留学，我的弟弟也在国外留学，家里就剩下父母两个人，他们感觉有点儿孤独。我希望我和弟弟结束留学回去以后，我们的家庭可以重续往日的幸福和温暖。

2．有一些人认为婚姻是爱情的坟墓，所以选择一辈子独身，你对此有什么看法？

我认为每个人都有不一样的爱情观。对我而言，我不太同意“婚姻是爱情的坟墓”这种观点。一段婚姻并不是爱情的坟墓，而意味着一个新家庭的产生。试问如果没有婚姻又何来一个家庭呢？而且我觉得婚姻就是两个人的关系从情人转化为亲人，应该变得更加稳定。爱情也分很多种，而我认为世界上最崇高的爱情，正是亲人间的亲情，这种感情是最深刻的，也是最持久的。

就拿我的爸爸妈妈来说，他们的情况就是这样。他们在年轻时候，忙于工作和照顾家庭，两个人的压力都比较大，有时候会发生一些矛盾甚至争吵。但经过几十年的磨合，他们现在的关系比以往任何时候都更加亲密了，两个人互相关心，互相帮助，谁也离不开谁，感情比年轻的时候更浓烈、更深厚了。看着他们手拉手一起去散步的样子，我还真羡慕他们呢！

所以我觉得，婚姻不是爱情的坟墓，而应该是爱情的新的开始，是爱情的深化。

第三组：

1．请说说你在童年时期一些印象比较深的事情。

对于童年时期的事情，我印象比较深的是上幼儿园的时候发生的一件事。

当时父母都忙于工作，每天都要上班，家里常常只剩下我和外公两个人。平时上幼儿园的时候，都是爸爸在上班前带我过去，而回家的时候则是外公来接我。还记得有一次，我和外公在回家的路途中遇到一只很凶狠的狗，那只狗当时一直跟着我和外公，还不停地吠叫，记得当时我真的很害怕，都吓得快哭了。还好身边有外公在，他想都没想，就把自己的凉鞋脱下来，打向那只狗，狗就被吓跑了。把狗赶走后，他也不忘来安慰我，说有外公在，别怕别怕，狗已经走了。外公的一句话，就像给我吃了一颗定心丸，我慢慢安静了下来。现在回想起来，当时的情况还历历在目。

一直到现在，我跟外公的感情也是最好的，因为从小时候起，他就一直是我的避风港，直到他离开这个世界为止。我现在也常常怀念他，希望外公在另外一个世界过得幸福、安宁。

2．你认为在教育孩子时，是严格一些好，还是宽松一些好？为什么？

我认为对孩子的教育，不宜过严也不宜过松。比较理想的状态是，父母应该做到时严时松，具体地说，就是该严地时候就要严格地要求孩子，可是该放松的时候就要让孩子适当地放松。

我觉得家庭教育走向"严"和"松"的两个极端都是不可取的。太过严格的家庭教育会让孩子在无形中产生种种的压力，他们畏惧于父母的威严，一旦遇到问题，不敢轻易开口向父母说明，也许会采用极端的或幼稚的方法来解决问题，这样的话也许会带来一些副作用，甚至不良的后果；而太过宽松的家庭教育会造成孩子我行我素，不守规矩的性格，对父母的教导一点儿都不放在心里，在社会上也不尊重老师和领导，不懂得关心和帮助别人，总是以自我为中心，这样怎么可能有良好的人际关系呢？长此以往，就会形成可怕的恶性循环，对孩子的前途是极为不利的。

所以，我觉得最理想的家庭教育就是，父母把孩子当做朋友一样看待，在某些方面严格要求孩子，同时也要尊重孩子的意愿和感情。

第四组：

1．请谈谈你学汉语的经历和感受。

谈到学习汉语的经历，2008 年在中国北京举行的举世瞩目的奥林匹克运动会，是我学习汉语最大的动力之一。那时我在上高中，快要考大学了，因为受到北京奥运会的影响，我报考大学时就选择了中文系。但学习汉语的过程可不是一帆风顺的。对我来说，刚开始学习汉语最难的并不是写汉字，而是汉语的语音和声调。每次上课读课文的时候，我的发音都会出现不少的错误。于是有一段时间，我对学好汉语彻底失望了，特别的沮丧，认为自己永远也不能把握好汉语的发音了，还想到要放弃学汉语，去学习另外的一门语言。正在这个时候，学校要举行用汉语讲故事的比赛，而老师们推荐我去参加这项活动。当时我又高兴又害怕，特别不想参加这次比赛，但由于老师们的鼓励和支持，我还是咬着牙坚持练习下去，天天刻苦练习，天天请老师纠正我发音的错误。在老师们的帮助和指导下，我的发音有了很大的进步，终于达到了可以来中国留学的水平。

通过我自己学习汉语的经历，我深深感觉到，要真正学好一门语言，不是一件容易的事情，会遇到各种各样的困难。最重要的是，你必须坚持下去，一点点克服难关，这样才能到达理想的彼岸。如果中途放弃，那就会前功尽弃，一事无成了。

2．你认为大学生打工是利大于弊还是弊大于利？

在我看来，对大学生打工的问题不能一概而论，也不好直接评价是利大于弊还是弊大于利，因为这个问题要看每个学生打工的理由和他是怎么计划、怎么做的。

对有的学生来说，他们以打工为主，以学习为辅，就像脚踏两只船似的，甚至为了打工而旷课、不交作业等等。这样的打工会浪费他们的很多时间和精力，也会给他们更大的负担和压力，结果是赚到了一些小钱，暂时满足了自己的物质欲望，但也耽误了学业，搞得自己得不偿失。

但是对于另外一些学生来说，打工是维持他们继续读书必须要做的一件事情。因为他们需要靠打工来交学费、住宿费，给自己挣一些生活费，也可能是为了买书、买电脑，也可能是因为要打发业余时间，或者增加社会经验等等。

总而言之，我认为大学生打工的利与弊都是相对而言的。关键要看这个学生是怎么计划的，怎么安排时间的，以及选择的打工单位是否对自己将来有好处。大学生应该找比较合适他学习情况的工作，而不能把全部的精神和时间都投入到打工上去。一定要保持平衡，安排好工作和学习的时间，这样才能做到不耽误学业，因为你毕竟是一个全日制大学的在校学生，完成学业应该是头等大事。

第五组：

1．请介绍一个你最喜欢的人。

我心中最喜欢的人之一，就是我的一个朋友，她又是我的学姐。她个子不高也不矮，皮肤不白不黑，在我的眼里她是个十全十美的可爱女孩。

刚开始的时候，我们俩就是普通的学姐和学妹关系。当时我觉得她是一个性格开朗、善良活泼的可爱的学姐。时间久了，我们在一起经历了很多事情，我们的关系也就慢慢变得更好了，就像姐妹一样。我发现她的人品比我想象的还要更好，还发现了她的好多优点，比如心胸宽广，总是包容别人的缺点，对待别人很有耐心、很亲切。而我最喜欢她的一点就是，我跟她交往的时候，深切体会到她特别善解人意，很多时候，当我遇到什么困难或烦恼时，我还没开口说话，她就会心领神会地帮我渡过这个难关，消除所有的烦恼，让我放心和愉快。她的所作所为令我非常感动，也让我敬佩，想向她学习。

总之，我跟她交往时有一种温煦的感觉，有时我觉得她像妈妈一样，有时又像姐姐，而更多的时候则是最好的、可爱的朋友。

2．对于成功来说，是机遇更重要还是实力更重要？你怎么看这个问题？

很多时候，很难说有机遇就能成功，或者有实力就能成功。这个论题很难有一个明确的定论。

到底实力重要还是机遇更重要呢？从历史的角度来看，历史上有好多伟大的人物，因为遇到了良好的机遇，使得他们的生活有了巨大的转变，一下子声名大振，成为在历史上赫赫有名的人物；另外还有一些人物，虽然他们做出了不少的贡献和成就，可是他们在当时没有受到社会和人们的关注，甚至到现在还名不见经传，有很多人没有听说过他们的名字。由此可见，有时候遇到好机遇确实能够帮助人取得成功，机遇对成功的重要性和作用是无可否认的。

那么成功只靠机遇就行了吗？没有遇到机遇的人就不会成功吗？汉语有一个成语叫“实至名归”，意思是有了真正的学识、本领或成就等，相应的声誉就会随之而来，也可以说，你通过努力获得了学识、本领、实力，这样就会成功。世界上什么都有，就是没有免费午餐，也就是说，只有付出才会有收获。成功不是凭空而来的，人们也不是一下子就会成功。成功是由实力加上漫长的过程、积累与努力才会实现的。

那么对成功来说，到底是机遇更重要还是实力更重要呢？对我来说，我相信“谋事在人，成事在天”这个说法，我觉得实力与机遇不能分说哪一个更重要，它们有同等的重要性。要想取得成功，得靠自己的努力；那么事情最终能不能成功，有时还要等待良好的机遇或要看运气。但是我们不能因为没有遇到机遇就放弃努力，放弃提升自己的实力，这样可能永远也得不到好的机遇，就算遇到了，也会因为没有足够的实力而失去这个机遇。现在是优胜劣汰、分秒必争的时代，你不往前走，你不前进，就会被后面的人踢出去。所以，聪明的人应该在提高自己的实力的同时很好地抓住机遇。

HSK

第四单元 04

模拟考试（二）

汉语水平口语考试
HSKK（高级）
模拟试卷（二）

注　意

一、HSKK 口试（高级）分三部分：

1．听后复述（3 题，8 分钟）

2．朗读（1 题，2 分钟）

3．回答问题（2 题，5 分钟）

二、全部考试约 25 分钟（含准备时间 10 分钟）。

第一部分 04

第 1—3 题：听后复述

第二部分

第 4 题：朗读

《生命交响曲》这部电影讲述的是一位普通的音乐教师贺文在三十年的教学中如何向他的学生付出心血和真情的故事。这部电影委婉、亲切而抒情，用的是平凡的叙述手法，温馨的激情使观众渐入佳境。影片最后，贺文老师退休了，当似乎是凄凉的晚景到来时，一场料想不到的音乐会却让他感受了人生的辉煌。原来，他在三十年中教过的学生从四面八方赶回来了，他们给了贺文老师一个惊喜：为他专门举行了一场热烈而隆重的告别音乐会，演奏的是贺文自己创作的《生命交响曲》，而主持人竟是现任女市长、当年想象“美丽晚霞”的女学生……《生命交响曲》最终的成功也在这里，每一个观众都如亲临其境，参与到这场音乐会中，和贺文老师的学生们一起分享了一份人生的喜悦、音乐的喜悦和人性美好的喜悦。（2 分钟）

第三部分

第 5—6 题：回答问题

5. 请你说说你的一次旅行的经历。（2.5 分钟）

6. 你认为爱情与金钱有关系吗？请谈谈你对这个问题的看法。（2.5 分钟）

模拟考试（二）录音材料

（音乐，30 秒，渐弱）
你好！你叫什么名字？（10 秒）
你是哪国人？（5 秒）
你的序号是多少？（10 秒）

好，现在开始第 1 到 3 题。每题你会听到一段话，请在“滴——”声后复述这段话。现在开始第 1 题。

1. 有个人带着一只宠物乌龟，下班后开车回家，在二环路上遭遇堵车。乌龟耐不住性子，不想再等了，坚持要先爬回家去，主人只好由它去了。不知过了多久，这个人听见有敲门声，打开车门一看，只见乌龟满头冒汗，气鼓鼓地说：“你忘了给我家门的钥匙了！”（约 1.5 分钟）

2. 一场突如其来的沙漠风暴使一位旅行者迷失了方向。更可怕的是，他装水和干粮的背包也被风暴卷走了。他翻遍全身，只找到一个苹果。“啊！我还有一个苹果。”他兴奋地叫起来。每当干渴饥饿时，他就看看苹果，又增添了力量，最终走出了沙漠。希望是人生的力量。很多时候，哪怕是很小的希望也能支撑我们继续走下去。（约 1.5 分钟）

3. 宠物型儿童，是指家长对处在儿童时期的孩子有求必应，使得孩子处于养尊处优的地位。这样的孩子在进入青春期之后容易缺乏责任心，对周围的事物比较漠视，没有劳动和创造的能力，找不到生活的目标和成就感，精神上难以得到满足。这样的孩子成人之后，成为“啃老族”的可能性也较大。（约 1.5 分钟）

好，现在开始准备第 4 到 6 题，可以在试卷上写提纲，准备时间为 10 分钟。（10 分钟）

准备时间结束。

现在开始朗读第 4 题。（2 分钟）
第 4 题结束。

现在开始回答第 5 题。（2.5 分钟）
第 5 题结束。

现在开始回答第 6 题。（2.5 分钟）
第 6 题结束。

好，考试现在结束。谢谢你！